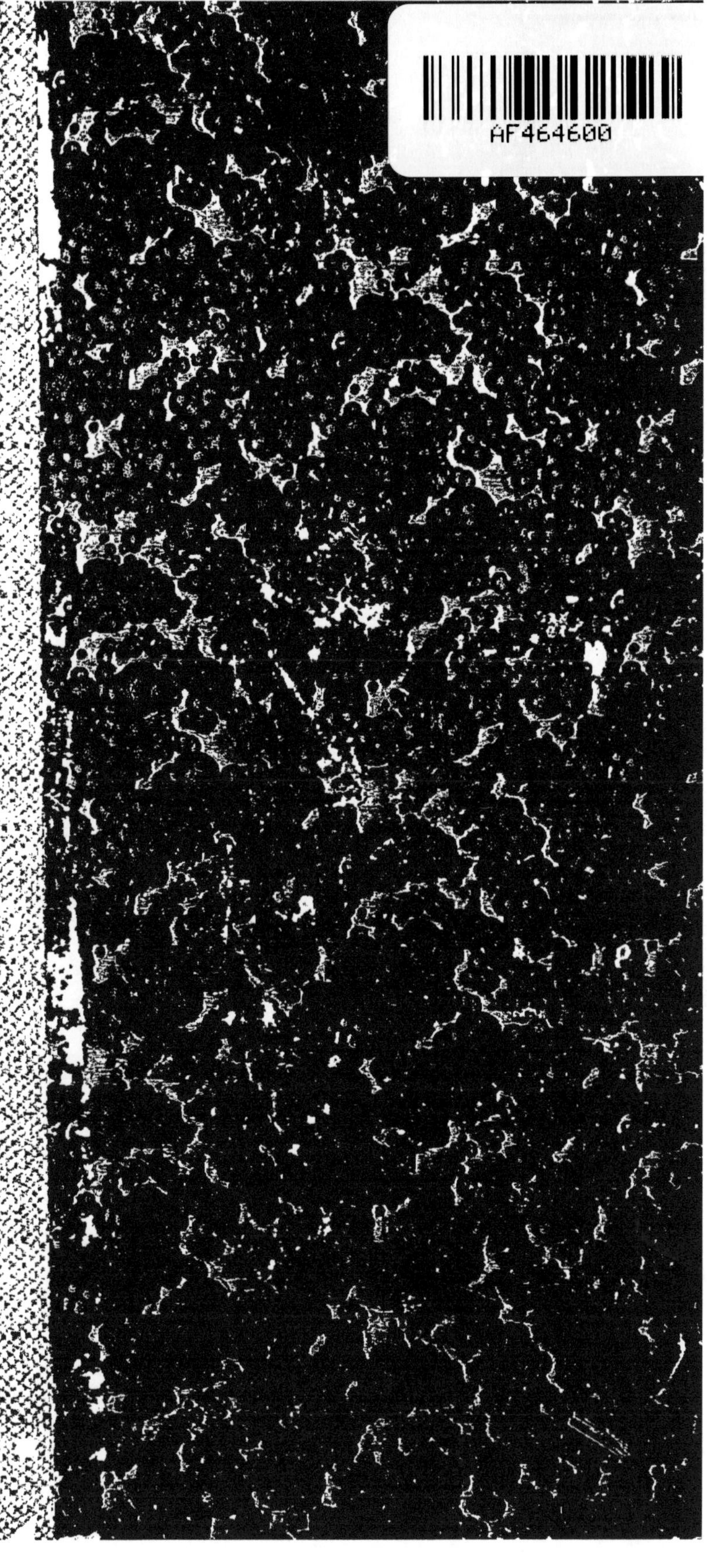

BIBLIOTHÈQUE DES SCIENCES ÉCONOMIQUES & SOCIALES

Les Employés

ET

leurs Corporations

ÉTUDE

sur leur fonction économique et sociale

Par **Émile DELIVET**

LAURÉAT DE LA SOCIÉTÉ D'ÉCONOMIE POLITIQUE DE PARIS

PARIS

LIBRAIRIE DES SCIENCES ÉCONOMIQUES ET SOCIALES

MARCEL RIVIÈRE

31, Rue Jacob et 1, rue Saint-Benoît

1909

Les Employés et leurs Corporations

BIBLIOTHÈQUE

DES

Sciences Économiques et Sociales

Volumes parus :

La journée de huit heures, par Marcel LECOCQ, *docteur en Droit ès sciences économiques*. 1 vol. in-16, de 224 pages .... 2 »

L'avenir économique du Japon, par Achille VIALLATE, *professeur à l'École des Sciences politiques*, 1 vol. in-16.................... 2 »

La Révolution Sociale, par Karl KAUTSKY, 1 vol. in-16.................... 2 »

Cours d'Économie politique, professé au Collège libre des Sciences sociales, par Paul GHIO. Tome I, *Les Origines*. 1 vol. in-16.................... 2 »

Le Commerce international, par G. LECARPENTIER, *avocat à la Cour d'Appel, diplômé de l'École des Sciences politiques*. 1 vol. in-16.................... 2 »

Les Employés et leurs Corporations, par E. DELIVET, *lauréat de la Société d'Économie politique*, 1 volume.................... 2 »

Volumes sous presse :

L'Arbitrage international, par M. GIDEL, *chargé de cours à l'Université de Grenoble*.

La Législation ouvrière en Allemagne, par A. HAHN, *avocat à la Cour d'Appel, diplômé de l'École des Sciences politiques*.

Cours d'Économie politique, par P. GHIO.

II. *La Doctrine*.

III. *Les Faits*.

BIBLIOTHÈQUE DES SCIENCES ÉCONOMIQUES & SOCIALES

Les Employés et leurs Corporations

ÉTUDE

sur leur fonction économique et sociale

Par **Émile DELIVET**

LAURÉAT DE LA SOCIÉTÉ D'ÉCONOMIE POLITIQUE DE PARIS (PRIX MACOARTU)

PARIS

LIBRAIRIE DES SCIENCES ÉCONOMIQUES ET SOCIALES

MARCEL RIVIÈRE

31, rue Jacob et 1, rue Saint-Benoît

1909

DU MÊME AUTEUR

L'Exagération des Charges militaires et les Prix de revient (*Ouvrage couronné par la Société d'Economie Politique de Paris*). Guillaumin et Cie, Paris, 1890.

Le Grand Problème (*Etude d'actualité politique, économique et sociale*), 1893.

Etude sur l'Enseignement professionnel. Le Havre, 1891.

L'Organisation de l'Enseignement populaire, *technique et supérieur*. Alphée Brindeau et Cie, Le Havre, 1893.

Lettre à la Société Mutuelle de Prévoyance des Employés de Commerce. Alphée Brindeau et Cie, Le Hâvre, 1890.

Le Centenaire havrais de Mme de Lafayette. Alphée Brindeau et Cie, Le Havre, 1893.

Les Principaux articles du Marché havrais : *le Café, le Coton, le Blé, le Sucre, les Graines oléagineuses*, 1892-93.

La Technique Commerciale et Administrative : *la Technique préparatoire, la Technique documentaire, la Technique polyglottique, l'Economie pure, Systèmes économiques des principaux Etats du Monde*, 1892-93-94.

Quand le vin est tiré : *Entretiens du Père Mathias sur quelques préjugés de Patrons et d'Employés*. 1893-94.

Les affaires à Terme : *Lettre à un Courtier sur la Théorie et la Terminologie des Affaires à Terme.* 1892-93.

Le Verein für Handlungs Commis von 1858 in Hamburg. 1893.

L'Avenir des Syndicats professionnels, des Sociétés de Crédit populaire et des Mutualités. 1892.

Des Voies et Moyens permettant de fonder au Havre une Coopérative de Consommation. (Rapport). — *Le Système coopératif. Soyons pratiques. Paradoxes.* 1892-93-98.

Les Assurances et l'Etat. 1894.

La Défense des Intérêts économiques et administratifs du Havre. — *La Défense économique du Havre. Dégénérés, finis, f...ichus !* 1892-94-97.

De la Nécessité d'une langue internationale commerciale et populaire (*Congrès de Besançon, 1893*). 1894.

Jacques Cœur. — Vasco de Gama, 1896-97.

La Machine à écrire, 1896.

La Télégraphie en langage convenu et le Vocabulaire officiel. Le Havre, 1896.

Les Subventions municipales et autres. — La Bibliothèque municipale. — Pour la Cité. 1895-97.

La Question du Havre port franc. 1898.

L'Enseignement théorique et pratique du Cercle d'Etudes des Employés de Bureau Havrais. 1897.

Le Socialisme et le Christianisme devant la question sociale (*Conférence de M. l'abbé Garnier*). **Etude de Réformes sociales.** 1895.

Le Salaire. — Ce qu'il doit être et ce qu'il est. 1897.

La Formation du Bureau universel. 1893.

Le Régime légal du courtage en marchandises. Louis Calligé et Emile Delivet. — Alphée Brindeau et Cie, Le Havre. 1890.

La découverte des Indes. F. Le Roy, Le Havre. 1898.

Du véritable caractère et de l'utilité réelle des Ports francs. F. Le Roy, Le Havre. 1898.

Le pour et le contre à propos du Port franc. 1899.

La Légitimité des Affaires à terme. 1900.

Préjugés sur la Spéculation, le Jeu et l'Agiotage. 1900.

Des Marchés à terme sur les Marchandises. 1900.

Les Sociétés populaires au point de vue organique. 1901.

La Corporation des Employés de Bureau Havrais. 1901.

Une nature d'élite. 1904.

Des Faits, des Opinions et des Actes. 1905.

Le Positivisme et le Mouvement social. Revue Positiviste internationale. Paris. 1907.

Etc., etc.

PRÉFACE

Il y a dans tous les événements de la vie publique et privée un enchaînement qui n'est pas douteux. Cet enchaînement n'est pas arbitraire. Sans la faiblesse de nos moyens d'observation et de raisonnement, nous le pourrions dégager systématiquement pour tous les cas vraiment importants. Nous savons d'expérience que cet ordre de choses est perfectible, c'est-à dire modifiable, en de certaines limites, dans le sens qui nous est le plus sympathique, et notre intervention, par les arrangements qu'elle nous inspire, augmente nos facultés de prévision et de prévoyance. Mais notre empirisme, si énergique soit-il, ne peut rien contre la nature des choses, et notre action se borne à grandir ou diminuer la vitesse et l'intensité des événements.

Il importe donc d'abord de savoir, quand on veut agir, et pour améliorer un état de choses, il faut l'étudier, mais pour l'étudier, il faut nécessairement adopter un point de vue qui permette de situer dûment les divers aspects et les relations des événements que l'on veut examiner.

Notre vie publique et privée n'est qu'une succession d'événements, de faits interdépendants, et, spontanément, la situation propre de chacun de nous constitue le point de vue à la fois le plus simple, le plus direct et le plus sympathique, auquel nous avons coutume de tout rapporter, mais ce point de vue s'étend et s'éclaire en dépendance aussi des conditions de notre situation personnelle. Celle-ci se développe en son triple caractère, moral, intellectuel et pratique, d'après notre éducation, c'est-à-dire d'après l'élévation d'âme à laquelle a pu nous faire parvenir l'influence du milieu social où nous évoluons.

Tout se réduit donc à des jeux d'influences, et de là vient l'importance de l'éducation, dont l'objet doit être de faire concourir le mieux possible au but commun d'une société humaine les divers agents qui la composent. L'éducation ne cesse donc jamais, puisque jamais ne cessent les influences que nous subissons et que nous exerçons.

L'éducation, autrement dit notre disposition à concourir, est, par conséquent, d'autant meilleure et plus efficace que la concordance est plus étroite entre les tendances personnelles et les tendances communes. Cette concordance est surtout nécessaire au sens moral. C'est la condition essentielle de toute société humaine, petite ou grande. Quelles que puissent être nos divergences, théoriques et pratiques, elles ne doivent jamais altérer nos sympathies. Celles-ci, seules, peuvent nous permettre de nous améliorer, puisque sans elles nous sommes incapables de savoir, étant incapables d'écouter.

« Un de nos défauts les plus habituels et l'un de

ceux qui nous font le plus de mal », écrivait M. Frédéric Passy, dans *la Revue populaire d'économie sociale* (numéro de janvier 1908), « c'est que nous ne savons pas écouter les autres ; et, par suite, nous ne les comprenons pas. »

Nous espérons que dans la petite société qui se formera entre le lecteur et nous, ce défaut n'apparaîtra pas, et nous comptons fermement sur la sympathie de ceux qui nous feront l'honneur de nous lire. Pour s'intéresser à un ouvrage comme celui-ci, il faut aimer ceux sur lesquels il jette des aperçus, et il faut les aimer non pas seulement d'une manière passive et résignée, mais encore d'une manière active, avec le désir de pousser à la réalisation des améliorations possibles, aussitôt qu'elles deviennent possibles. Il faut croire aussi que des améliorations sont possibles, sans se dissimuler que leur réalisation comportera de grandes difficultés et demandera beaucoup de temps, disons beaucoup d'éducation, beaucoup d'influences, et tâchons, chacun à notre tour, de concourir au but commun.

Ne nous décourageons pas, parce que la tâche est grande et le but très lointain. Disons avec Alfred de Musset :

> La lâcheté nous bride, et les sots vont disant
> Que, sous ce vieux soleil, tout est fait à présent ;
> Comme si les tracas de la famille humaine
> Ne rajeunissaient pas chaque an, chaque semaine.

Chaque époque a ses problèmes. Le XXe siècle que, par anticipation, Gladstone surnommait « le siècle des ouvriers », nous présente, au point de vue social, des questions qui demandent, d'urgence, une solution. Ce point de vue commence à dominer le monde économique, comme le point de vue économique domine désormais le monde politique. Le besoin d'un ordre nouveau devient chaque jour plus sensible, plus évident.

L'ouvrier, celui qui fait œuvre, l'ouvrier de toute catégorie, ne constitue pas seulement de la main-d'œuvre. Il apparaît de plus en plus, et il commence à le savoir, comme une personnalité humaine, nullement inférieure, en dignité morale, à aucune autre. De même en est-il de l'employé, à qui il ne suffit plus qu'on puisse dire de lui, comme le faisait H. de Balzac, qu'il est « un homme qui pour vivre a besoin de son traitement et qui n'est pas libre de quitter sa place ».

Employé, le terme est vague, parce qu'il répond à des situations extrêmement nombreuses et variées, mais celui d'ouvrier l'est tout autant, pour la même raison, et cependant l'habitude lui fait donner, par préjugé, un sens précis qu'il ne comporte pas. D'ailleurs, et toujours pour le même motif, notre langage offre la même infirmité pour toutes les situations que l'étude sociale considère.

Qui peut dire où commence et finit, par exemple, le bourgeois ! « J'appelle bourgeois », disait Flaubert, « tout ce qui pense bassement ». A bien des heures de la vie alors qui n'est pas bourgeois ? Il en est qui taxeraient de bourgeois tout ce qui n'est pas socialiste, et d'autres qui voient des bourgeois où sont des gens bien vêtus. Des lettrés et des ignorants en ont en commun la haine, partagée par d'honnêtes pauvres diables et par des bandits. Le bourgeois est ainsi tour à tour celui qui se soucie peu du sort des pauvres, celui qui vit confortablement, celui dont la suffisance est prospère, celui qui est riche, etc., et l'on pourrait poursuivre longtemps, sans l'épuiser, la discordance de ce terme et la diversité des sens qu'il revêt.

Le vague de ces termes disparaît dans l'application spéciale qu'ils reçoivent, pour les cas particuliers qui les appellent. Tels qu'ils sont, ils ont leur utilité, puisqu'ils représentent chacun un type d'ensemble. Celui d'employé est pris par nous dans son sens le plus étendu. Il représente ainsi « l'homme qui est attaché d'une manière permanente à un service d'administration publique ou privée », c'est-à-dire à la surveillance, au rangement, au placement, au transport, à l'appréciation, au calcul des choses, aux rapports de toute sorte entre les hommes.

Le travail de l'employé est généralement peu rétribué et sa dépendance est très grande, mais par compensation, il vit moins au jour la journée que ce n'est le cas pour l'ouvrier. Il jouit habituellement d'une sécurité, petite, mais importante, qu'il n'apprécie pas toujours assez, celle que donne une stabilité plus grande dans la durée de l'engagement et un terme de salaire plus étendu.

C'est, en effet, un avantage énorme pour les petits budgets que le salaire mensuel. Il leur donne un équilibre moins fugitif. Il écarte les trop dangereuses et trop fréquentes séductions de la paye de quinzaine, du samedi, ou même de chaque jour. Il établit une concordance plus approchée avec le règlement des dépenses, et permet ainsi à la fois plus d'économie, plus de crédit et moins d'entraînement.

Le salaire trimestriel serait même préférable, mais l'état des mœurs ne le permet pas encore, et cependant il augmenterait la sécurité, l'économie, le crédit et le pouvoir d'achat, par les meilleures combinaisons ménagères auxquelles il donnerait lieu. Il constituerait un grand pas vers la *propriété des fonctions*. Il relèverait considérablement la dignité du travailleur. Plus est grande et ferme la situation matérielle d'un homme et plus espacées sont ses rentrées.

L'étroite dépendance habituelle de l'employé, généralement aussi pauvre travailleur que l'ouvrier, a longtemps séparé ses intérêts de ceux de celui-ci. Les deux classes ont même parfois des contacts peu aimables, et cela date de loin.

L'origine politique de l'organisation sociale a fait partout d'abord de l'employé, un agent de l'autorité, et le pouvoir politique s'affirmant avec autant de rigueur que d'arbitraire, ses agents subalternes, plus immédiatement en contact avec la foule, étaient toujours, directement et personnellement, l'objet des exécrations populaires. Scribes et collecteurs, publicains et clercs, commis des gabelles et des fermes, recors du fisc et employés des administrations, etc., au cours des âges et sous des noms variés, étaient toujours des agents d'inquisition, de contrainte et de saisie, en lutte constante avec les particuliers. Ceux-ci n'étaient guère loin de les noter d'infamie, et ne se faisaient pas faute de leur jouer mille tours, de les braver, de les combattre, en une révolte sournoise, féroce et continue, où l'opinion leur était toujours complaisante et complice.

Au fur et à mesure que la puissance économique s'est dégagée et séparée du pouvoir politique, les fortunes particulières de l'industrie et du commerce ont, à leur tour, offert des emplois à des agents et des commis, dont les fonctions étaient analogues, au fond, à celles de leurs prédécesseurs, royaux et féodaux, de tout ordre, quoique plus variées et plus souples, comme le voulait la perte du pouvoir de contrainte ; mais la tradition continuait, comme instinctive, qui séparait d'un mépris malin et moqueur les compagnons et les commis, les ouvriers et les employés, grâce à des assimilations plutôt hostiles.

Ces derniers, non moins miséreux que ceux qui les poursuivaient de leurs railleries et de leurs brocards, excitaient l'envie et passaient pour des fainéants pourvus, qui, par paresse et méchanceté d'esprit, se faisaient agents et pourvoyeurs des ennemis du pauvre peuple. Peut-être faisaient-ils les glorieux. comme on fait contre mauvaise fortune bon cœur. C'est d'eux que Panard, le chansonnier du XVIIIe siècle, faisait rire en disant :

On voit des commis
Mis
Comme des princes,
Et qui sont venus
Nus
De leurs provinces.

Ils y retournaient le plus souvent en leurs provinces, dans le plus pauvre équipage, et Gros-Jeans comme devant, la fortune étant d'humeur capricieuse, surtout dans les périodes de transition, comme celles qui transformaient si radicalement l'origine et l'assiette des propriétés individuelles, tout en donnant à la brigue et à la faveur un essor, dont on se fait difficilement idée aujourd'hui, où le « piston » pourtant ne chôme guère.

L'artisan et le commis étaient comme *Le loup et le chien* de notre grand fabuliste. On dirait que La Fontaine a recueilli leurs types, en un dessin caractéristique et vigoureux, si bien en sa manière, dans l'immortel dialogue où il les met en scène lumineusement.

Comme le loup, le pauvre mais fier ouvrier, en contemplant les marques de dépendance du commis, n'hésitait pas à mettre à haut prix et hors d'atteinte sa loqueteuse liberté :

Chemin faisant, il vit le col du chien pelé.
Qu'est-ce là ? lui dit-il. — Rien. — Quoi ! rien ! —
[Peu de chose. —
Mais encore ? — Le collier dont je suis attaché
De ce que vous voyez est peut-être la cause. —
Attaché ! dit le loup : vous ne courez donc pas
Où vous voulez ? — Pas toujours ; mais qu'importe ? —
Il importe si bien, que de tous vos repas
Je ne veux en aucune sorte,
Et ne voudrais pas même à ce prix un trésor.
Cela dit, maître loup s'enfuit et court encor.

Le temps partout fait son œuvre. Insensiblement,

mais irrésistiblement, il rapproche et identifie les situations les plus différentes, et renverse, singulièrement même, les contraires.

Aujourd'hui, l'employé et l'ouvrier ont à peu près la même culture, le même esprit, les mêmes tendances, les mêmes besoins. Ils ne peuvent plus se méconnaître, et les mêmes questions les agitent. Ils peuvent se rendre réciproquement les plus grands services, au point de vue social, et leur entente s'impose, notamment en ce qui concerne leur participation à la production, comme dans le cas de l'apprentissage, du régime du travail, des libertés syndicales, du taux des salaires, etc. ; en ce qui touche aussi leur accession à la consommation, comme dans le cas des charges de l'impôt, du régime et du coût des transports, de la concordance des salaires et du prix de la vie, etc. ; en ce qui regarde enfin le statut civil et civique, comme dans le cas de la solidarité familiale et nationale, de l'indépendance individuelle, de la liberté des conventions, de la gratuité de toutes les fonctions remplies par les classes dites libérales, etc.

Dans le grand mouvement d'idées qu'accomplit notre époque et qui a visiblement pour objet la construction d'un ordre social nouveau, impérieusement exigé par la révolution économique intense, à laquelle chaque jour qui passe fait faire de si grands pas, les employés ont à jouer un rôle considérable, en raison même du caractère essentiellement *administratif* de leur fonction économique. C'est ce que nous aurons à apprécier plus loin, mais déjà nous pouvons dire que leur éloignement de la scène publique, au cours des grandes assises que tient désormais l'opinion, pour la solution des grands problèmes que pose la situation économique à laquelle nous sommes parvenus, ne pourrait être que déplorable et même dangereux.

La fonction économique des employés les rend, en effet, détenteurs d'aptitudes et de connaissances sans égales, au triple point de vue de l'organisation, de la direction, de l'accélération et de la modération de tous les mouvements économiques. Leur accès théorique et pratique à la discussion et à l'élaboration de toutes les mesures projetées est de plus en plus nécessaire, et, loin de redouter ou de dédaigner leur collaboration, il faudrait, dans l'intérêt public, la provoquer. Il est à craindre qu'en nombre de cas, les employés n'aient que de la répugnance à se produire, l'esprit plutôt conservateur de leur fonction et la dépendance personnelle où ils sont généralement tenus, les disposant très mal à cette combativité qu'apprécie surtout le populaire, en raison même des efforts plutôt violents exigés par ses travaux quotidiens.

Dans la grande et double tâche qui s'impose d'éducation et d'organisation, l'œuvre des sociétés d'employés peut et doit devenir considérable, et leur groupement en de grandes fédérations ne peut que développer et accélérer encore l'efficacité de leur action. Un grand et magnifique mouvement est en cours dans cette voie, et les divers pays civilisés, plus ou moins reliés par des ententes interfédérales et confédérales, commencent à manifester une émulation d'excellent augure.

Pour tout digne travailleur conscient de l'urgence qu'il y a de hâter l'avènement d'un ordre nouveau, assurant à la fois sa liberté et sa sécurité, comme la liberté et la sécurité des siens, il est aujourd'hui d'un évident devoir qu'il lui faut prendre rang parmi ses confrères, corporativement unis. Ainsi que le rappelle ce noble penseur que fut notre poète Sully-Prud'homme :

Quand les bras sont nombreux, la tâche en est moins [dure.

Et comme il nous faut accomplir à présent, au point de vue économique et social, une tâche plus grande encore, et non moins nécessaire, que ne fut celle qui donna naissance aux patries modernes, il n'est personne qui puisse honorablement se refuser à l'appel que jette à tous la situation du monde moderne, surtout occidental.

Le patronat lui-même est spécialement intéressé au groupement corporatif des employés. Ceux-ci, mieux que d'autres, peuvent apprécier directement les difficultés auxquelles il doit faire face, et de communs efforts peuvent beaucoup faciliter les transitions et les améliorations devenues nécessaires.

Quoi qu'il en soit, l'ouvrage que nous présentons, et pour lequel nous demandons la plus grande indulgence, aura suffisamment répondu à notre but, s'il donne au public une idée plus nette de ce qu'est et de ce que peut devenir l'employé, et s'il offre à celui-ci, en même temps qu'un certain réconfort, un heureux sentiment de dignité et un confiant espoir en l'avenir, un désir ardent et persévérant de concourir, personnellement et activement, à l'étude et à la solution du plus grand et du plus urgent des problèmes de notre époque.

Ce problème demande à tous une part d'attention, qu'ils ne peuvent refuser, et une disposition sympathique qui, en tous les cas quelconques, demeurera le facteur le plus utile à sa solution.

Chaque fois que la chose nous sera possible, nous céderons la parole à ceux chez lesquels nous retrouverons notre manière de voir, ou qui peuvent documenter mieux nos aperçus. Nous pensons que le lecteur ne nous saura pas mauvais gré de ces citations. A ce faire, il y a des avantages évidents, et si nous en connaissons les inconvénients, nous y voyons le meilleur moyen d'atteindre plus rapidement et plus aisément au triple but d'étude, d'enquête et de propagande que nous nous sommes proposé. Nous y avons été, notamment, beaucoup aidé par les publications des deux grandes fédérations françaises d'employés, la *Fédération nationale des syndicats d'employés* et la *Fédération des employés de France*.

L'Auteur.

CHAPITRE PREMIER

Point de vue fondamental

Il importe d'indiquer, tout d'abord, dans quel esprit, dans quel but et par quelles voies est entreprise cette modeste étude sur la fonction économique, les besoins domestiques et l'activité sociale des employés. C'est la condition qu'il faut premièrement remplir, parce que le lecteur aime à savoir immédiatement à quelles fins peut répondre un tel travail.

Sa publication dans la *Bibliothèque des sciences économiques et sociales* est déjà très indicative, mais le sujet qui y est abordé, spécial en apparence, prend de jour en jour une importance publique de plus en plus grande, sous la pression continue des modifications apportées à la vie des travailleurs, en général, et des employés, en particulier.

Ces modifications sont telles, grâce aux transformations économiques et sociales de toute nature, que le monde des employés paraît appelé à former une unité considérable d'un nouveau classement démographique, où son influence, désormais incontestablement indispensable, sera parfois décisive.

A mesure que la concentration des capitaux et la spécialisation des travaux augmentent d'intensité, un rattachement *administratif*, au sens le plus large du mot, embrassant donc *tous les intérêts publics et privés*, devient de plus en plus nécessaire.

Ce rattachement administratif, toujours plus constant et méthodique, fait réagir l'ensemble sur les détails, distribue, équilibre et oriente les efforts de tous, en constituant, par sa grande armée d'employés, un immense appareil politique, économique et social, d'action et de réaction, qui relie et coordonne l'ensemble des activités, et qui touche à tous les domaines d'ordre pratique.

C'est ainsi que le monde des employés grandit de jour en jour, tant dans son rôle administratif, que dans son importance numérique et son groupement de classe.

La tendance générale au nivellement économique, qui résulte de l'active concurrence universelle, donne en même temps un caractère commun et des conditions assez sensiblement pareilles aux besoins, aux ressources, aux mérites, aux insuffisances, aux visées actuelles et prochaines des corporations d'employés, si nombreuses, si intéressantes, et encore si variées dans leur professionnalité.

Une telle situation mérite certainement d'être étudiée, reprise spécialement et mise sous les yeux du public, intelligent et bienveillant, à qui ces questions offrent de l'attrait, parce qu'il en connaît l'utilité, pour la destruction des mauvais préjugés, et pour la formation d'une réelle opinion publique, c'est-à-dire d'une opinion directrice, informée, consciente et nettement orientée.

L'étude qui va suivre n'est pas celle d'un amateur, d'un dilettante. L'ambition qui lui donna naissance serait pleinement satisfaite si le lecteur pouvait l'accueillir comme l'œuvre d'un ami adressée à des amis. Ce travail est d'un homme de la carrière qui n'aurait pu l'abandonner sans regret, quand l'occasion lui en a été offerte, il y a de cela déjà de longues années. Et cependant, comme tant d'autres, il lui a dû d'amères épreuves, d'intimes et prolongées souffrances. Il en a connu les difficultés, les rancœurs, les déceptions, les insécurités et les misères. Elle ne convenait peut-être ni à son tempérament, ni à ses goûts, ni à ses facultés. Elle ne répondait guère au milieu dans lequel il est né, pas davantage à ses traditions familiales, au désir des siens, et non plus à ses propres espoirs d'avenir.

C'est malgré lui, avec colère et dégoût, pour ainsi dire, qu'il est entré dans cette voie, et qu'il l'a suivie. Néanmoins il n'y a pas trouvé que des ennuis et des douleurs : la vie n'est ni si simple, ni si uniforme, même pour les plus modestes destins, malgré les préjugés et les apparences.

Souvent, bien souvent, presque continuellement, l'occasion fait à tous un discret geste d'appel, surtout quand on est jeune, quand la vie s'ouvre ; mais on ne sait pas, on ne comprend pas, on n'ose pas, on ne parvient pas à vouloir ; on ne peut pas s'arracher aux bagatelles du moment présent, aux paresseuses séductions qu'il offre. Et ceux qui vous précèdent, vous entourent et vous suivent, justifient votre inertie, par l'exemple habituel et général de la leur. Il est si doux de ne rien faire, de ne rien tenter, de ne rien décider par soi-même, de ne pas se compromettre, d'éviter les responsabilités, les corvées, le travail et l'étude, et de n'avoir d'activité spontanée et personnelle que pour critiquer ceux qui font acte d'initiative, censurer ceux qui agissent et triompher sans risque de ceux qui échouent !

L'occasion n'est vraiment propice qu'à ceux qui se sont préparés à sa venue. Il faut être *libre* de lui répondre et *capable* d'exécuter les travaux qu'elle offre. Elle demande de la confiance en soi, de la décision, de la fermeté ; elle exige un passé qui fasse honneur par le travail, le savoir et l'expérience ; elle n'ouvre que l'avenir dont on lui donne gage par les références et les recommandations, les relations et les *idées* que l'on possède ; elle ne se déclare parfois qu'après de pénibles et rebutantes épreuves. Elle exige la robe virile.

Le succès n'est dû à personne ; mais on peut aider à sa propre chance, et il faut savoir et vouloir s'y prêter, en se soumettant d'abord aux conditions qui la dominent, et qui sont les facultés personnelles, les relations sociales, les modalités, les ressources et les besoins de la société. Comme le dit Auguste Comte, « l'homme s'agite et l'humanité le mène ».

L'imitation, l'émulation et l'habitude déterminent les vocations que, d'autre part, l'autorité ou le besoin nous imposent ou nous indiquent. On imite ce que l'on voit faire, et ainsi l'on apprend. L'émulation fait entreprendre, et l'on fait avec plaisir ce que l'on sait faire. C'est le secret des vocations. Le milieu et l'habitude les font naître, l'exercice les cultive, et le succès les consacre.

Celui qui s'est façonné dûment au milieu que le destin lui donne devient le meilleur agent de ce milieu, *the right man in the right place*. Mais ce cas, qui devrait être habituel, est assez rare, en vérité, car la vie est présentée aux enfants sous un jour qui éclaire mal les jeunes esprits; leur jugement est négligé, au profit exclusif d'une mémoire trop verbale et d'un abusif développement donné aux instincts de vanité et de domination. Et des années se perdent à dépouiller le vêtement de mensonges, plus ou moins prestigieux, dont on a été revêtu et qui paralyse les mouvements normaux et nécessaires. Cette éducation fautive fait sur tous illusion.

On a généralement mieux à faire que de parler de soi-même, et en ce sens, le moi est toujours haïssable, mais il le faut connaître et sans cesse l'améliorer. Une existence humaine doit continuer et développer celle à laquelle elle succède, et non pas seulement la répéter. Nietzsche l'exprime admirablement quand il dit : « J'aime celui qui veut créer plus haut que lui-même et qui périt ainsi. »

Ceux à qui une forte direction morale a été donnée en exemple y doivent rapporter tout le bien qu'ils ont pu recueillir et celui qu'ils ont pu faire. L'auteur n'y saurait manquer.

Des revers ont soustrait son enfance à l'habituel entraînement scolaire, mais il leur doit d'avoir eu pour enseignement les leçons solitaires, silencieuses et sévères, des Grands Morts. De bonne heure, de

2

très bonne heure, il lui a fallu travailler et produire, et finalement, cette école a donné d'assez bons résultats.

Le gamin qui a commencé par grossoyer avec effarement : « Napoléon par la grâce de Dieu et la volonté nationale, empereur des Français, etc. », a tenu des « emplois » nombreux et variés, non sans de grandes appréhensions parfois, et même de grandes répugnances, mais il est heureux de pouvoir tracer ces lignes, en songeant à ceux qui le comptent pour un des leurs, plus encore à ceux pour qui devra s'ouvrir plus tard la même carrière. Il voudrait celle-ci meilleure, mieux ordonnée, plus sûre, Cette préoccupation le guide, et c'est elle qui va dicter les observations que cette étude permettra de présenter. Veuille le lecteur faire à celle-ci un accueil indulgent !

Ce motif d'action a été pour l'auteur un bon viatique, spécialement pendant quinze années d'activité corporative. Dans les efforts qu'il a dû faire, et qui portaient parfois sur de pénibles sujets, le bien commun, heureusement, inspirait l'autre vocation, celle qui naît du rapprochement de destinées semblables. « Rien n'est plus honteux, » dit Cicéron, « que de se faire députer pour d'autres motifs que pour le service de la République ».

Par les groupements toujours plus étendus qu'il forme, l'individu multiplie les points de contact et d'action dont il a besoin. Il étend sa vie et l'intensifie. Son horizon s'élargit, se meuble et s'anime toujours davantage. Sa puissance individuelle est en proportion de sa dépendance sociale, mais sous cette condition essentielle qu'il en ait pleine et constante conscience, pour chaque cas qui le concerne. Cette claire conscience des relations sociales qui le conditionnent, et sur lesquelles il peut réagir, est pour l'individu ce que l'exposant est pour une valeur mathématique. Le degré de puissance est proportionnel à l'énergie de cette conscience.

Rien ne vaut donc autant que les groupements : famille, amitiés, sociétés, corporations, etc., pour donner à la *chance* des moyens de surgir. Rien ne peut mieux la préparer pour ceux qui vraiment la cherchent, mais ces groupements ne doivent pas être quelconques, et leur action dépend des conceptions qui les orientent, des ressources dont ils disposent. Pas plus qu'ailleurs, il n'y a là de miracle. Il leur faut une organisation *ad hoc*, qui mette bien en lumière l'acquit de chacun et les besoins de tous.

La vie n'est qu'heur et malheur pour l'individu. Elle est pour lui toujours pleine d'imprévu, et les surprises en sont continuelles ; mais elle présente, au contraire, pour les groupements d'hommes, *une régularité moyenne*, qui permet la prévision et la prévoyance, en offrant de solides points d'appui à nos besoins de sécurité, à nos désirs d'amélioration. C'est là qu'il faut chercher les garanties nécessaires à la famille, les occasions utiles à l'individu.

Dans cet état social qui est le nôtre, que nous avons à observer et à modifier, les deux idées mutualiste et syndicale ont à exercer un rôle considérable, aussi bien au point de vue de l'éducation économique, qu'en ce qui concerne les profondes modifications pratiques, dont leur *plein essor* doit assurer la réalisation.

L'idée mutualiste, c'est-à-dire *de la solidarité dans la consommation,* offre une conception encore très incomplète, et restreinte, provisoirement, aux plus pressants besoins *accidentels.* Cette idée demande à être *considérablement élargie*, en englobant les *permanents* besoins matériels. Elle doit porter sur l'ensemble et la totalité des besoins de consommation, en donnant aux relations commerciales et industrielles de tout ordre une sécurité qui leur manque, en imposant aux opérations économiques une loyauté qu'elles n'ont pas toujours, et en donnant aux échanges l'expression la plus exacte, base première et indispensable d'une nécessaire abondance.

Il n'est pas douteux que l'idée mutualiste, encore si loin de ses vraies frontières, est appelée à subir utilement des modifications profondes, qui devront élargir considérablement son action. Le peuple encore si inerte des consommateurs aura un jour des cadres bien formés, un fonctionnement bien régulier, et une action très efficace, directe et continue, sur le mouvement économique. C'est à quoi préludent les ligues d'acheteurs, par exemple.

« A leur tour, a pu dire Madame Maud Nathan, présidente de la ligue d'acheteurs de New-York, les particuliers commencent à avoir conscience de leur responsabilité en tant que consommateurs, et à organiser l'achat comme un véritable instrument de progrès social. Ils s'instruisent sur les conditions de la production... (Pittsburg, Carnegie Hall, 16 août 1907.)

L'idée mutualiste est une idée essentiellement économique, momentanément embarrassée et alourdie sous un mélange d'idées charitables, de préoccupations vaniteuses et de prescriptions légales très étroites. Cette pesée de la loi, quand elle est excessive, tatillonne et routinière, trahit une antique défiance envers l'initiative individuelle, et met trop celle-ci dans la dépendance des administrations publiques. Des influences assez étrangères au vrai but social interviennent dans les œuvres, et ce n'est pas toujours dans le sens le plus heureux.

La spontanéité française se limite ainsi à des objets qui ne sont pas toujours dignes d'elle. On dirait parfois que pour respirer, en France, il est nécessaire qu'une loi, ou un règlement, en donne préalablement l'autorisation, et en détermine les moyens et les conditions.

Nous sommes toujours en tutelle. L'histoire de la mutualité française en est un exemple édifiant, particulièrement propre à nous éclairer sur les impuissances où nous jettent l'équivoque et les restrictions de ce que nous appelons nos « libertés ». Le cas est le même pour le lien syndical, que la loi interdit de serrer, au point qu'il n'a pas même encore la consistance de la moindre formule morale.

L'idée mutualiste, qui rallie assez souvent les professionnels d'un métier, n'est en soi *aucunement corporative*. Son caractère économique la pousse *à diri-*

ger la consommation : mais cette vue, toute logique et toute naturelle, est encore peu aperçue par le grand nombre. On n'a pas encore compris que le besoin d'un véritable ordre social nous fait une loi de restreindre le *caprice* individuel par les libres engagements ménagers, de famille, à long terme, générateurs de stabilité sociale, de morale domestique, de sécurité économique.

La mutualité, qu'il faut donc considérer comme une *union de consommateurs* en lui donnant sa pleine extension, a pour pendant nécessaire le syndicat, qui est *une union de producteurs.* Cette conception englobe le double aspect de l'ordre économique; elle est la condition même de l'ordre social, et tout vrai progrès n'en peut être que le développement ou l'application.

L'esprit corporatif, tenu pour suspect pendant si longtemps, et pas encore vu partout avec sympathie, s'est jadis servi de la mutualité pour se manifester, faute d'autres moyens à sa portée. De là, nombre de mutualités corporatives, où souvent d'ailleurs l'esprit syndical a été étouffé, comme le voulaient nos mœurs et nos lois.

Or, il convient spécialement aux employés d'embrasser, dans un même effort, l'idée mutualiste et l'idée syndicale, c'est-à-dire l'intégralité du domaine économique, où leur vie domestique et leur professionnalité puisent leur aliment et exercent leur activité. Il leur importe de compléter, dans cette voie, leur bagage moral et mental, et leur outillage sociétaire.

Ce sont là essentiellement des vues qui se réclament directement du principe de liberté et, conséquemment, du sens très net d'une légitime responsabilité. Les esprits qui se sentent vraiment majeurs ne peuvent vivre avec dignité et satisfaction que dans un tel régime, et c'est à le rendre partout possible d'abord, à le faire pleinement surgir ensuite, qu'il faut travailler.

Ce n'est que par la moralisation et la culture individuelles, et par l'entente et les combinaisons sociétaires réagissant, d'une part, sur les mœurs, et, d'autre part, sur les lois que les employés peuvent, raisonnablement et utilement, poursuivre l'amélioration de leur condition professionnelle et domestique.

Des efforts analogues s'imposent d'ailleurs à toutes les autres grandes corporations, bien qu'elles n'aient pas, en général, une dépendance et une influence sociales aussi marquées que l'ensemble des carrières d'employés, dont l'histoire, dans le plus lointain passé, se confond avec celle des grandes organisations politiques et s'y mêle encore d'une manière parfois vraiment excessive, par l'effet d'une *routine* sociale bien caractéristique. Trop peu de citoyens sont capables de concevoir, désirer et vouloir leur mise hors de page.

Au mouvement économique, déjà si intense, et qui ne peut que s'accélérer encore considérablement, spécialisant de plus en plus les travaux, unifiant les besoins, variant les ressources, multipliant les capitaux et concentrant la *direction* capitaliste, correspond nécessairement un mouvement social, qui manifeste de mieux en mieux nos solidarités, nos aspirations communes, et tend à garantir *l'appropriation personnelle des fonctions*, en même temps que la *sécurité permanente des familles*.

Ce mouvement, qui doit normalement évoluer, à l'intérieur et à l'abri des fondamentales institutions sociales : famille, patrie, humanité, déborde parfois et dépasse, en apparence, les frontières respectives assignées fatalement par la nature des choses à ces institutions ; mais, en vérité, il n'en peut sortir, et toute tentative pratique fait assez voir, sans délai, que l'ordre fondamental est antérieur et supérieur à nos volontés, comme à nos aberrations, et que, pour le perfectionner, il faut commencer par s'y soumettre.

L'évolution de ces institutions fondamentales ne peut qu'être troublée et retardée par toute tentative théorique et pratique qui les méconnaît ; mais la marche des événements individuels et collectifs est à ce point prépondérante, par rapport à nos caprices et à nos « imaginations », que la réaction de l'espèce sur les nations, et de celles-ci sur les familles qui les composent, partant sur les individus qui en sont les agents, détermine quand même, à peine de destruction, notre irrésistible convergence.

De même que la formation des nationalités n'a ni entravé, ni compromis, mais, au contraire, fortifié et sanctionné celle des familles, par les garanties que celles-ci ont trouvées dans les lois civiles, sous la pression des mœurs et des coutumes, la formation d'une internationalité, graduellement étendue jusqu'à l'humanité, ne pourra que consolider et protéger toutes les *réelles* nationalités, en les entourant de toutes les garanties que le développement de la civilisation leur permettra de réclamer, et que la solidarité croissante des sentiments et des intérêts de tout ordre leur assurera de plus en plus efficacement.

L'internationalisme est donc à tort craint ou exalté, comme tendant à détruire la patrie. Il est à la fois le résumé de tendances légitimes et la manifestation de phénomènes d'ordre fatal.

Fatalement, en effet, les sciences et les arts ont pour rayonnement l'ensemble du monde, mais leurs produits sont nécessairement identifiés avec les groupements humains, particuliers et locaux, patries et familles, au degré que comporte l'avancement de ces groupements. Toutes les nations ont nécessairement une âme commune, mondiale et humaine, en rapide essor, et que ne pourront étouffer les égoïsmes particuliers. La plus grande des nations sera toujours celle dont les productions, morales, artistiques, scientifiques, politiques et industrielles, revêtiront le mieux le double caractère mondial et humain, et manifesteront le mieux la fraternité universelle, celle qui ne s'arrête pas devant les différences de couleur, d'origine, de langue, de mœurs, de civilisation et de climats.

Nous tendons nécessairement à unir et à combiner nos efforts ; mais l'efficacité de nos actions communes est d'autant plus effective qu'elles sont plus nettement reliées. Ce rattachement ne peut que perdre en netteté si les personnes et les nationalités sont absorbées, au lieu d'être associées. Cette absorption détruit la vitalité, en même temps que le contrôle et les responsabilités. Il y a là une heureuse loi d'équilibre qui sanctionne notre vraie liberté, quand nous en sommes dignes.

Aucune réelle et durable amélioration ne peut être obtenue, par conséquent, partout où l'individualité reste mineure, ou le redevient, que cette individualité soit celle d'une personne, d'une association, ou d'un peuple.

La défense et le développement de cette individualité exigent un effort *constant*. Aucune génération ne peut, sans danger, immédiat et terrible, prétendre vivre *gratuitement* des travaux d'une autre. Il faut qu'elle y associe les siens, sous peine de déchéance, et le cas est le même entre contemporains. Il faut reproduire au moins l'équivalent de ce que l'on consomme, et rendre service pour service.

Cette notion de la responsabilité qui sanctionne toute liberté, c'est-à-dire toute puissance, ne doit jamais être perdue de vue dans l'éducation populaire, notamment dans la vie corporative. Aucune existence sociale n'échappe à cette responsabilité. C'est la condition même de son développement, et tel est le sens éternel des appels que la vie fait à tous, en nous associant tous, indissolublement, les uns aux autres. Ce sera l'un des objets de cette étude de bien mettre en lumière cette observation, pour ce qui concerne les employés.

CHAPITRE II

Les appels, les influences et les perspectives de la vie pour les employés

« Sous le rapport des misères et de l'originalité », dit Balzac, « il y a employés et employés, comme il y a fagots et fagots » et l'amusant Courteline, qui a trouvé un sujet de choix dans l'une de leurs catégories, aurait pu considérablement multiplier le nombre de tableaux de sa charge sur *Messieurs les Ronds de Cuir*, sans épuiser les occasions d'exercer sa verve et de « typer » des personnages.

A la professionnalité si variée des employés correspond, tout naturellement, une variété très grande dans leurs modes d'existence, dans leurs besoins, leurs ressources, leurs habitudes et leurs prétentions ou résignations, variété multipliée encore par le grand nombre d'échelons que présentent leurs « situations ». Cette variété s'étend tous les jours, et il semblerait qu'avec les progrès quotidiennement accomplis dans la puissance et la délicatesse du machinisme, tous les travailleurs soient finalement destinés à mériter la qualification, vague et commune, d'employés.

« Définir l'Employé n'est pas chose facile », dit

M. Léon Audray. « On peut le considérer comme l'intermédiaire entre le producteur et le consommateur, mais ce n'est pas le définir. » Le même auteur des *Professions et Métiers* continue : « Aux yeux de la loi officielle, l'employé c'est tout ce qui n'est pas ouvrier. Le champ est vaste, trop vaste même. Aussi est-on embarrassé pour classer les catégories trop nombreuses qui se présentent. »

Cette définition, le tribunal civil de la Seine la tentait, il y a quelques années, pour quelques-unes de ces catégories, par un jugement disant que « l'on entend par commis celui qui est chargé, dans une maison de commerce, de quelque emploi qu'il remplit sous la surveillance du chef de la maison, moyennant des appointements fixes, même complétés par une remise proportionnelle aux ventes effectuées ».

A cette tentative de définition, on pourrait en opposer beaucoup d'autres, mais il nous suffit de retenir de celle-ci qu'être employé, c'est être chargé de quelque « emploi », ce que le légendaire M. de la Palisse pourrait contresigner.

C'est tout un monde que nous ouvrirait la formule définissant l'employé, les « emplois » voisinant, du haut en bas de la hiérarchie sociale, dans tous les sens de l'existence de la société, et dans tous les domaines de l'activité humaine, avec toutes les autres professions. Si le nombre des employés est encore inférieur à celui des ouvriers, il n'est pas une catégorie de ceux-ci à laquelle ne réponde *au moins une* catégorie d'employés, et si les employés sont plus nombreux que leurs chefs, il est relativement facile de retrouver parmi eux, un type d'existence, un *standard of life*, correspondant, à tous les points de vue, tantôt à l'existence ouvrière la plus misérable et tantôt aux plus confortables arrangements de la vie bourgeoise.

Cette situation, intermédiaire à tous égards, donne aux employés les allures, les caractéristiques, les prétentions, les besoins et les aptitudes les plus contradictoires, qu'augmentent encore le nombre et la variété des exemples courants et prochains d'où, à tout instant, leurs « ambitions » dégagent des stimulations très vives, des découragements profonds, des déceptions amères, des envies fielleuses, des manœuvres sournoises, des froissements cruels, et toute une gamme, ascendante et descendante incessamment, d'occasions de « division ».

Dans ce milieu, on ne peut plus intéressant à étudier, le contact immédiat, la concurrence constante, la surveillance directe et incessante des chefs, la continuité des travaux, mille influences indirectes, « morales », parfois prépondérantes, exagèrent intensivement, au milieu d'une soumission et d'une placidité apparentes et voulues, tous les côtés bons et mauvais de la lutte pour la vie.

Nulle part, peut-être, il n'est plus difficile de faire sentir, apprécier et apercevoir la communauté réelle des besoins de tous, sauf sur quelques rares points, tels que ceux mis en vedette par la mutualité, pour ce qui concerne les conséquences matérielles de la maladie, de la vieillesse et de la mort, ou tel encore que le besoin du repos hebdomadaire. Nulle part, non plus, il n'est plus méritoire et plus *dangereux* d'attacher le grelot des « réformes » sociales. Nulle part, enfin, l'ingratitude apparente de tous n'est plus sûrement le lot réservé aux initiateurs d'un mouvement, aux créateurs et directeurs d'une œuvre.

Cet état de choses, quand il est bien compris, donne l'explication, très claire et très aisée, des difficultés nombreuses, parfois insurmontables, qui attendent la création, la mise en marche et le fonctionnement des formations corporatives d'employés.

C'est qu'ils sont, pour ainsi dire, essentiellement divisés entre eux, par la plupart des circonstances mêmes de leur vie professionnelle et sociale. Ce sont là des choses d'autant plus difficiles à combattre que ceux qui les subissent le plus les avouent moins volontiers. Il n'est que plus urgent d'en triompher et de recourir pour cela à tous les moyens que peut suggérer l'observation attentive du milieu. Il convient de faire honneur à toutes les entreprises qui ont ce but véritablement d'éducation et de rénovation, pour le mieux-être de tous, et c'est encore l'un des objets de ce travail de concourir à mettre en lumière les raisons d'agir des associations d'employés, les moyens qu'elles ont mis en œuvre, comme aussi ceux auxquels il leur devrait convenir de recourir.

Si, en tant de circonstances, et d'une manière plus ou moins dissimulée, mais toujours réelle, s'affirme ainsi le particularisme individuel des employés entre eux, il va de soi qu'une frontière plus large encore séparait tout naturellement les employés et les ouvriers, et qu'entre ces deux grands groupes essentiels de travailleurs, il existait de la défiance et même de l'aversion.

Il est grandement désirable de voir disparaître entièrement ces mauvais et débilitants sentiments, et il convient d'applaudir aux efforts de tous ceux qui s'emploient à cette bonne œuvre. Ce serait trop dire que de prétendre qu'elle est accomplie, mais il faut constater qu'elle est heureusement en voie d'accomplissement. Le mouvement social, qui nous entraîne tous, impose des rapprochements, et des vues communes en jaillissent.

Par un phénomène bien connu, nous sommes spontanément portés à supposer les autres au point même où nous sommes parvenus, dans l'évolution de nos idées. Cette conviction, un peu complaisante, a cet avantage d'en faire naître d'identiques. Son expression, par son exagération même, est parfois un bon moyen de propagande. Au fond, c'est bien plutôt la formulation d'un vœu que l'expression d'un fait.

Dans le *Ralliement des Employés*, numéro de septembre 1905, on peut lire, dans cet ordre d'idées, de très intéressantes déclarations faites à Nantes par divers orateurs à l'occasion du congrès qu'y tenait la *Fédération Nationale des Syndicats d'Employés*. Il ne sera pas superflu d'en relever ici quelques-unes vraiment caractéristiques et pleines d'une chaleureuse confiance dans l'œuvre poursuivie :

« Victor Dalle, dit le compte rendu, a fait l'historique de la situation qui est faite à l'employé depuis de longues années..... Eh bien, rompant avec ces préjugés, ces traditions qu'une bourgeoisie d'esprit égoïste essayait d'entretenir chez l'employé, celui-ci a fini par voir sa situation épouvantable ; il a compris qu'il fallait qu'il sortît de cette situation, qu'il devînt un homme. »

. . . .

« Paul Aubriot exprime le souhait qu'ouvriers et employés luttent côte à côte et fraternellement pour le triomphe des revendications prolétariennes. »

. . . .

« On peut considér comme démolie, dit Vial, cette barrière qui séparait le travailleur du magasin, du bureau et l'ouvrier. Il existait un antagonisme entre l'ouvrier et l'employé, mais, par l'action développée, par les efforts des précurseurs de l'action syndicale, cette situation a changé... Au point de vue syndical, il ne doit exister aucune différence entre le travailleur de l'usine et du magasin ; ils doivent tous désirer leur émancipation complète, et c'est en s'unissant les uns et les autres qu'ils y arriveront. »

Le grand mal en toutes ces questions, c'est que l'on veut toujours « réformer » le voisin, jamais soi-même. La vanité des uns et la brutalité des autres se choquent réciproquement, et c'est au point que d'incoercibles répulsions physiques peuvent en résulter, péniblement parfois, et parfois comiquement.

Il nous souvient, à ce dernier point de vue, de la stupéfaction risiblement indignée d'un employé, d'ailleurs très intelligent, très cultivé, et très démocrate aussi celui-là, qui ne pouvait comprendre notre proposition de tenir des réunions communes entre les délégués d'un syndicat d'employés et ceux de divers syndicats d'ouvriers.

Le malheureux avait au moins le courage de son opinion, ou plutôt de son sentiment, et il disait tout haut ce que tous les autres éprouvaient sans le dire. Le pauvre ! Non, décidément, il ne se voyait pas « assis à côté d'un maçon » !

N'en rions pas trop cependant, car son cas, tout regrettable qu'il soit, est fréquent encore, et trop souvent même justifié, sans que l'on puisse inculper directement personne. Cela tient au grave retard de l'éducation actuelle, et bien qu'il soit ridicule, rationnellement parlant, de craindre « de se commettre » avec de braves gens, riches ou pauvres, il n'en est pas moins désagréable de subir leurs préciosités et leurs prétentions vaniteuses, ou leurs grossièretés et leurs malpropretés, dont ils ne soupçonnent pas même l'impression pénible qu'elle cause, et qui tyrannise véritablement toute saine, simple et bonne éducation.

Il y a là un fait considérable, dont il faut tenir le plus grand compte, sous peine d'hypocrisie, et, précisément, dans l'œuvre d'éducation mutuelle, il serait pour tous, ouvriers et employés, de l'utilité la plus grande de se voir fréquemment, et d'abord dans des réunions interassociationnelles, où la sympathie et l'estime pourraient spontanément germer et se développer, pour ensuite donner lieu à des relations plus suivies, que nourrirait l'amitié.

Ouvriers et employés ont tout à gagner à se connaître et à s'unir activement. Ils ont, les uns et les autres, des mérites particuliers dont ils pourraient tirer parti, en embellissant leur existence; et leurs travers, corrigés par leurs contacts et la poursuite commune d'un idéal, chaque jour pratiquement approché, s'atténueraient sensiblement, comme on le voit pour les plus actifs d'entre eux, dans l'effort social, ou encore dans les rapprochements, qu'en nombre de cas, permettent les grands centres cultivés.

Quoi qu'il en soit, la professionnalité de l'employé tend visiblement et nécessairement à inculquer d'heureuses habitudes, au point de vue social, et ceux qui en vivent sont conduits à adopter un caractère vraiment soutenu, en même temps qu'à acquérir un souci remarquable de bonne tenue.

La professionnalité des employés a des inconvénients nombreux et des avantages évidents pour ceux qu'elle dirige. Elle leur fait subir nombre de commandements arbitraires, mais elle impose des habitudes fixes. Le caractère essentiellement administratif de cette professionnalité, dans ses diverses catégories, demande partout de l'ordre, de la rectitude, des règles systématiquement suivies. Naturellement, cela s'exagère parfois, et l'on tombe dans l'abus, c'est-à-dire dans la routine.

En nombre de cas, l'employé est placé, par ses origines, ses besoins, ses ressources et son travail, de manière à connaître intimement les misères des pauvres et des riches; et quelquefois il n'attend pas moins de mortifications d'un côté que de l'autre.

Honnête, comme le sont généralement les pauvres, l'employé a beaucoup à faire pour ne pas succomber sous les obligations contradictoires auxquelles il lui faut se soumettre. Son rêve, petit rêve caressé par les siens, c'est d'avoir une place bien tranquille et bien sûre, où l'on puisse être propre, et où l'on soit convenablement traité. Ces places là sont recherchées, et pour les obtenir, il faut des « protections ».

C'est un mot qui revient souvent quand on parle de la recherche des emplois. La chose est naturelle, puisqu'il s'agit généralement de postes de confiance, et que l'élément moral est très à considérer dans le choix d'un « commis ». De là le besoin de références, et le soin que l'on a, quand c'est possible, de se faire patronner par des recommandations qui donnent de vous une garantie morale. Il est désirable que cette tutelle avantageuse soit de plus en plus exercée par les corporations d'employés.

De grandes sociétés allemandes d'employés pourraient servir de modèles à ce point de vue. Leurs méthodes d'action et leurs procédés de placement sont incomparables. Disons, à titre d'exemple, qu'à plusieurs reprises, sur description des connaissances et des aptitudes exigées pour la tenue d'un emploi vacant, nous avons vu venir, en quelques jours, d'Angleterre, d'Allemagne, d'Autriche, d'Italie, de France, etc., des offres de services extrêmement intéressantes, appuyées de justifications précises, documentaires, à l'égard des connaissances et des aptitudes affirmées.

Il s'agissait naturellement d'emplois « supérieurs »,

mais il conviendrait de les considérer tous ainsi, ou presque, aussi bien en ce qui concerne les fonctions à remplir qu'au sujet des salaires correspondants.

En divers pays — il en est ainsi en Allemagne — la carrière d'employé s'ouvre, dans les bureaux, par trois ans d'apprentissage. Quelques années de séjour à l'étranger s'y ajoutent, en de nombreux cas, pour les sujets les plus actifs.

Chez nous, les choses sont loin d'en être là. La plupart des postulants, d'avance, sont des résignés, trop heureux déjà d'être « casés ». Être « casé », en effet, c'est le rêve. On attend ensuite le bon plaisir patronal, en limitant l'acquisition des connaissances professionnelles à ce que demande l'emploi obtenu, au lieu de se préparer continuellement, ardemment, pour d'autres emplois. Du reste, faute d'une organisation *ad hoc*, faute de la *tutelle corporative*, création que nous n'avons jamais cessé de recommander, l'enseignement, l'avancement et la permutation ne peuvent vraiment s'organiser, et l'acquisition des connaissances personnelles demeure incomplète et peu pratique.

On reste ainsi confiné dans une spécialité. C'est la plus lamentable condition pour un professionnel, et c'est aussi la plus recherchée, parce que l'on vaut immédiatement quelque chose (!). Seulement l'inconvénient n'est pas mince, puisque cet empressement individuel cause un encombrement général. Chaque année, c'est un flot nouveau de concurrents, qui vient noyer les quelques espérances caressées par ceux ou par celles qui avaient trouvé une « situation » l'année précédente. *Il y a toujours plus d'offres que de demandes de travail*, et la conséquence est facile à deviner. La qualité des postulants diminue toujours. On ne sait pas le français, mais on est sténo-dactylographe. C'est ce que nous disait dernièrement encore un professeur de sténographie, en s'indignant de ce qu'un négociant offrait 25 francs par mois — moins qu'à sa bonne, Monsieur ! — à une demoiselle qui lui demandait un emploi de sténo-dactylographe.

Dès lors, c'est une ruée vers les emplois, et une course effrayante vers toutes les démoralisations. Pour un sujet qui réussit à se défendre de l'adversité, combien de malheureux doivent succomber. Heureux encore sont ceux qui parviennent à se maintenir dans leurs petites « situations » et à doucettement avancer, en gagnant peu à peu quelques pièces de cent sous de plus.

« C'est la vie, disait aussi, il y a peu de temps, un employé dont la carrière est assez belle, et qui a vraiment beaucoup travaillé : « *Il faut qu'il y ait des sacrifiés, des écrasés, pour que quelques-uns puissent passer !* »

Evidemment, la crasseuse ignorance des uns et leur passive inconscience sont tout ce qu'il y a de plus propre à faire ressortir le brillant et l'activité des autres, mais cet état de choses nous paraît tout de même lamentable et cruel. Il nous semble qu'il serait simplement honnête d'avertir, à temps, ceux et celles à qui la carrière d'employé ne peut évidemment réserver que des déboires. Mais cet avertissement, pour être utilement donné, doit naître de la *conscience collective* des intérêts corporatifs, et c'est aux associations d'employés qu'il appartient de remédier aux conséquences fâcheuses d'une excessive et déplorable concurrence.

Voilà donc comme on entre et comme on avance, en cohue moutonnière, dans cette carrière qu'il faudrait concevoir et poursuivre méthodiquement, pour le mieux-être et la sécurité de tous, et qu'à tort on dit être le métier de ceux qui n'en ont pas. Il en résulte, nombre de fois, une dépendance individuelle très étroite, parfois même avilissante, qui contraste singulièrement avec l'attitude outrancièrement indépendante de l'ouvrier.

Le plus souvent, l'employé, par son contact immédiat avec ses chefs, et la dépendance rigoureuse qu'il subit pour tant de motifs, se ressent de l'état de quasi domesticité qui fut longtemps le sien, et qui persiste encore, plus ou moins atténué, dans les situations où les personnes sont plus à servir que les choses à administrer. Il semble alors plus douloureusement vrai pour l'employé que l'offre du travail revêt les caractères de la mendicité.

La recherche d'une place coûte très souvent des humiliations sans nombre, et le méprisant dédain fait aux offres des travailleurs, a depuis longtemps déshonoré le travail, dont pourtant il est habituel de célébrer pompeusement la noblesse dans des discours de parade, mais dont il est non moins habituel de fuir, quand c'est possible, les saines et bienfaisantes obligations...

« C'est principalement leur origine servile », disait

M. Pierre Laffitte en 1881, « qui donne aux organes actuels de l'activité industrielle, entrepreneurs et travailleurs, le caractère égoïste et antisocial qu'ils présentent trop souvent. Ils n'ont pas encore secoué les chaînes de leur ancienne servitude : ils n'ont pas encore compris la grandeur et l'importance de leur rôle, dans la civilisation moderne ; ils sont demeurés, à beaucoup d'égards, des esclaves affranchis. »

Nulle part plus que dans les professions d'employés, la concurrence n'est plus artificiellement exagérée. Tous les déchets des ambitions bourgeoises tous les possesseurs du certificat d'études primaires, tous les ratés des autres carrières, tous les petits retraités, tous les vaincus du petit patronat, tous ceux qui pensent s'assurer une « protection », sont candidats à n'importe quel petit « emploi », et rien n'est plus comiquement navrant que leur habituelle affirmation de pouvoir « faire n'importe quoi ».

L'enseignement primaire, uniformément donné sur tout le territoire français, semble n'être que l'*école préparatoire des employés*, et rien, à ce point de vue, n'est plus suggestif que l'examen des livres et cahiers d'étude des pauvres enfants qui ont l'ambition inconsciente et triste d'incarner, un jour, pour la plupart, les plus douloureux personnages des *Manigants*, de M. Henri Bachelin : « ..... pauvres gens qui, pourvus d'un certificat d'études, vivent au mois le mois, occupés à d'infimes besognes dans les bureaux de maisons de banque et de compagnies d'assurances, pour qui la vie n'est qu'une succession d'heures aussi ternes que les vitres des pièces où continuellement ils gribouillent... »

« Aussi le moyen d'arriver, douze fois par an, à la fin du mois, lorsque 1.400 francs divisés en douze parts, malheureusement toujours égales, vous font, pour vivre trente jours de suite, 116 francs !... »

Les douloureuses perspectives, offertes à la plupart des employés, d'une situation toujours précaire, aboutissant à des lendemains sinistres, ne permettent pas de rester indifférent devant toutes les excitations, malsaines et dangereuses, qu'une instruction, exclusive et faussée, ne cesse de produire en tant de malheureuses cervelles.

L'un des plus nécessaires et des plus urgents services des associations d'employés devrait être de bien faire la lumière, surtout auprès de la population pauvre, sur les conséquences de l'encombrement des carrières d'employés de toutes les catégories. Il y va de l'intérêt de tous et de chacun, spécialement pour ce qui concerne les employés de bureau.

Cette situation a appelé l'attention sévère des plus avisés observateurs, et il y a déjà de nombreuses années que M. Paul Leroy-Beaulieu a pu écrire ce trop clair avertissement :

« L'employé de bureau qui n'a pas de capacités intellectuelles particulières, ou de connaissances spéciales, deviendra bientôt le moins payé des travailleurs ; ce sera justice ; peut-être cette baisse des salaires des simples employés de bureau ramènera-t-elle au travail des champs beaucoup de ces jeunes gens qui rêvent aujourd'hui d'encombrer les administrations publiques et privées. »

C'est une dangereuse illusion de croire, en effet, qu'une fois employé, il n'y a plus qu'à se laisser vivre. Cette carrière est, de toutes, celle qui exige peut-être le plus de connaissances pratiques, incessamment étendues et renouvelées, et si beaucoup de ceux qui en vivent se contentent de la plus médiocre existence, paresseusement envisagée, leur modération ne les garantit nullement des plus désolantes surprises !

L'effort individuel sur soi-même est ici toujours nécessaire, non moins que l'action collective. Il ne faut d'ailleurs pas perdre de vue qu'il n'y a *d'efficace initiative*, chez les travailleurs, *pris en masse*, que dans leurs formations corporatives, et dans l'œuvre éducative et organisatrice de celles-ci.

Dans un récent travail, M. Alfred Neymark empruntait aux *Réflexions* de Jacques Laffitte, sur *la réduction de la rente et l'état du crédit*, l'observation suivante : « L'homme qui vit sur une œuvre passée doit devenir continuellement plus pauvre, parce que le temps le transporte, avec la richesse d'autrefois, au milieu d'une richesse toujours croissante et toujours plus disproportionnée à la sienne. »

Or, cette remarque s'applique, on ne peut mieux, à la professionnalité des employés ! Il leur faut sans cesse travailler à se maintenir au niveau, élevé et divers, des besoins de leur temps, et nombre de fois, l'auteur de ces lignes a vu chômer longtemps des malheureux qui demandaient à faire « n'importe quoi », mais qui, *sur une offre précise,* confessaient ne pas posséder les connaissances nécessaires à l'emploi disponible ! Tous ceux qui se sont occupés du placement ont pu faire maintes et maintes fois la même observation !

Toutefois, pas plus dans les carrières d'employés que dans les autres, l'effort sur soi ne serait suffisant, et il n'est pas rare de voir longtemps et désastreusement chômer aussi les personnalités les mieux préparées pour la digne et fructueuse tenue d'un emploi qui leur fait défaut.

Il en sera ainsi, même avec la meilleure préparation individuelle, aussi longtemps que ce que l'on ose appeler le *marché du travail* ne sera pas organisé par les travailleurs, aussi longtemps encore que les besoins de la consommation ne seront pas prévus, disciplinés et agencés par *les consommateurs eux-mêmes.*

Le monde économique et social est encore à l'âge *de la guerre* et *du caprice*, et la plupart de nos misères viennent de là.

Il n'y a pas de prévision rationnelle, pratique et suffisante, qui soit possible, à l'égard des ressources et des besoins, *si la seule concurrence guide la production et si le caprice est la raison supérieure de la consommation.*

Cette situation laisse *indéfiniment indéterminable* le rapport de l'offre à la demande. Seul, le règlement de la production et de la consommation peut fixer ce rapport, de manière à assurer à tous le bien-être, la sécurité et la liberté. L'association des producteurs et celle des consommateurs constitue, sous ce jour, d'essentielles et indispensables œuvres d'ordre et de progrès. Cette question est capitale et, répétons-le, pourtant encore à peine soupçonnée !

L'énoncé statistique du problème social ne peut même pas être fait, faute de cette double organisation des producteurs et des consommateurs ; mais l'œuvre est en bonne voie, si l'on considère le mouvement d'idées qui se fait sur ces questions.

Dans la séance publique des cinq académies, le 25 octobre 1905, M. de Foville, lisant la *profession de foi d'un statisticien*, disait, entre autres fortes observations :

« Plus encore que lui (J.-B. Say), les Malthus, les Ricardo, les Sismondi, les Rossi... ont erré pour avoir cru que le raisonnement était tout en économie politique, ou qu'il suffisait d'y ajouter l'appoint d'une observation sommaire et superficielle. Eh bien ! non, les seules vraies lois économiques sont celles que la statistique a contresignées. Même parmi les lois écrites, parmi les lois votées, qu'il s'agisse de finance ou de commerce, de travaux publics ou d'assistance, il n'y a de solides que celles qui se sont inspirées de l'exacte connaissance des faits, et, généralement, cette connaissance des faits en suppose l'analyse numérique telle que savent l'instituer les statisticiens de profession. » (*Journal de la Société de Statistique* de novembre 1905).

En la même circonstance, M. A. de Foville marquait, on ne peut mieux, de la manière suivante, quelle probité doit conduire de tels travaux. « N'est digne du nom de statisticien, disait-il, que l'homme qui, dans ses recherches et dans ses conclusions, fait systématiquement et instinctivement passer, avant tout autre intérêt, l'amour de la justice et de la vérité !

Ces préoccupations généreuses et élevées sont malheureusement trop ignorées de la masse travailleuse, qui aurait le plus grand intérêt à s'en inspirer dans sa conduite de tous les jours. On ne doit pas se lasser de répéter que toutes les questions intéressant les travailleurs ont nécessairement un caractère social. Il n'y a de prévision, et partant, d'utile action possible, à un degré suffisant, dans ces questions, qu'en proportion même du caractère social que l'on y reconnaît.

L'indétermination règne sur les destinées individuellement considérées. Même le savoir, l'expérience, l'activité, la plus grande valeur professionnelle, et l'estime de tous, ne garantissent aucunement la situation d'un employé. La nécessité de larges ententes, surtout corporatives, devient chaque jour plus évidente. Les solutions n'ayant que le caractère individuel sont radicalement insuffisantes.

Il en est ainsi, notamment, de la question du chômage, problème terrible dans les professions d'employés, où la longue durée des périodes de chômage correspond à l'habituelle longue durée des emplois.

La venue de l'âge a aussi des conséquences affreuses, à ce point de vue, dans les carrières d'employés, et ce n'est pas aux vieux serviteurs qu'il faudrait remettre la médaille d'honneur, qui vient attester leur présence continue pendant 30 ans, dans la même maison, c'est à leurs chefs. Ceux-ci, en effet, ont du mérite, lorsqu'ils résistent à l'exemple de leurs concurrents et aux sollicitations des jeunes, avides d'avancer. Mais ce mérite n'est pas celui que l'on ambitionne habituellement et, nombre de fois, quand les mœurs ne corrigent pas cette tendance égoïste, c'est au moment où les charges de famille sont le plus lourdes pour lui, qu'on se défait d'un serviteur. Il y a d'ailleurs profit à agir ainsi, puisque son remplaçant, plus jeune, coûte moins; puis cette substitution est vue avec faveur par les « jeunes », dont le cannibalisme s'exprime souvent, par surcroît, avec un cynisme insultant. Les jeunes aussi, hélas, ont besoin de vivre!

On a reproché aux employés le pessimisme général et habituel de leurs appréciations sur la vie ; mais leur carrière même leur rappelle à toute heure la vanité des espérances. Le succès de l'un ou de l'autre d'entre eux, succès d'ailleurs souvent précaire, ne peut longtemps leur masquer les misères de leur existence propre, et la triste fin qui attend la plupart d'entre eux. On peut chercher du regard dans les magasins, par exemple, plus encore que dans les bureaux, le sort réservé aux vieux serviteurs. Même le public ne les supporte pas, croirait-on; aussi n'en voit-il plus, ou guère. Les « jeunes » mangent les vieux.

Le procédé n'est pas celui que préféraient les Polynésiens, mais le résultat est le même, et l'élimination est radicale, sauf pour ceux que des mérites, vraiment exceptionnels placent au-dessus des compétitions courantes.

Remarquons d'ailleurs que la mort frappe avec une préférence marquée parmi les employés. Le milieu est généralement très défavorable à la santé. Le travail est non moins habituellement très débilitant. Il impose des périodes d'activité épuisante, de surmenage écrasant, dont les conséquences retentissent cruellement sur les besoins de repos, d'alimentation et de gaîté de l'individu humain. Et comme, en outre, les carrières d'employés recrutent souvent des êtres que leur chétiveté écarte de la vie ouvrière, proprement dite, il n'est pas étonnant que la statistique avance des chiffres si tristement éloquents sur la brièveté de la vie, la fréquence et la longue durée de la maladie chez les employés.

De telles considérations et des observations de ce genre sont vraiment d'intérêt capital pour les associations corporatives, spécialement pour les formations sociétaires d'employés, qui ne sauraient jamais méconnaître sans suicide l'enchaînement nécessaire de toutes les coopérations utiles, d'après, précisément, le caractère essentiellement administratif général *de toutes les professions d'employés*, caractère que nous avons cru d'abord utile, sinon nécessaire, de bien mettre en lumière. Il en résulte très évidemment, croyons-nous, que toute réelle et durable modification sociale doit être *préparée* par l'éducation, assurée par l'organisation.

Puissent de telles considérations recevoir bon accueil auprès des employés et des associations corporatives, et les inspirer dans leurs efforts toujours courageux, mais non toujours aussi avisés que courageux, quel que soit le dévouement, voire même l'abnégation de ceux qui les mènent.

La faiblesse extrême est souvent mauvaise conseillère et donne trop carrière à l'imagination. L'extrême détresse est crédule et « miraculise » l'esprit ; mais le prestige des mots, des promesses et des menaces ne peut qu'un court instant voiler, sous la magie du rêve, la puissante action continue des réalités. L'impuissance présente des associations les pousse aussi quelquefois à d'illusoires manifestations, alors qu'elle devrait les inciter surtout à préparer des temps meilleurs, par le relèvement individuel, base indispensable de tout sérieux effort collectif.

Pour atteindre au but, il faut le concevoir pleinement et nettement, et quand il s'agit d'un problème social, il convient de se dire toujours que la génération qui le pose est généralement assez éloignée de celle qui doit le résoudre. Il faut avoir le courage de le reconnaître et de le dire.

Quoi qu'il en soit, ces vues indiquent déjà suffisamment, croyons-nous, dans quel esprit, dans quel sens et par quelles voies, notre intention est de mener cette étude sur la fonction économique, les besoins domestiques et l'action sociale des employés.

CHAPITRE III

La professionnalité et la situation légale et juridique des employés

Les observations préliminaires du chapitre précédent nous étaient indispensables et vont diriger notre marche, en nous épargnant des retours, et des incidentes, qui auraient nui à la rapidité, au développement aisé et à l'enchaînement naturel de notre examen.

Nous allons de plus en plus spécialiser l'objet de notre étude, en caractérisant d'abord, en leurs grands aspects, les principales observations que permet de faire l'existence individuelle et corporative des employés.

Ainsi le cadre professionnel des employés comprend tous les « emplois » administratifs quelconques, publics et privés. C'est dire en quelques mots toute l'importance, d'ailleurs croissante, de cette professionnalité, dans l'ensemble des relations humaines. Les « emplois », si variés, qu'elle groupe exercent une influence inaperçue, mais réellement considérable et continue, sur toutes les autres professions, d'après même la nature administrative et pour ainsi dire universelle des services dus par les employés.

1

Ces « emplois » reçoivent eux-mêmes une impulsion incessante et considérable des autres activités qu'ils mettent en contact.

Dans son ensemble, la professionnalité des employés joue le rôle d'intermédiaire universel, modeste, mais indispensable, pour tous nos mouvements d'ordre social, économique et politique. La culture, la petite et la grande industrie, le petit et le grand commerce, la finance, les administrations publiques et les œuvres sociales de tout genre lui ouvrent une multitude de carrières.

Ainsi que nous l'avons rappelé, l'administration tant publique que privée, forme dans l'existence sociale comme un immense appareil de relation, destiné à opérer sans cesse la coordination, la convergence, la combinaison et l'orientation de tous les travaux quelconques. Cette conception du rôle *administratif* est capitale et montre nettement quelle doit être, légitimement et utilement, l'influence des corporations qui y reconnaissent une même professionnalité.

Pour atteindre sa pleine et nécessaire efficacité, cette influence est appelée à se développer considérablement, par une organisation corporative, moralement conçue, méthodiquement poursuivie, systématiquement voulue et accomplie.

Cette organisation devra répondre à l'ensemble des besoins de l'évolution industrielle et sociale, en affranchissant enfin les « employés » des pratiques illusoires et des routines dangereuses, qui les asservissent en tant de lieux, et qui laissent trop beau jeu à d'arbitraires et insuffisantes directions, également nuisibles à la convenable carrière des employés et à la bonne marche des choses. La professionnalité des employés qui voisine, économiquement et socialement, avec tous les degrés du patronat et du salariat, dans l'ordre privé comme dans l'ordre public, arbitre, pour ainsi dire, et représente, vis à vis de tous les chefs et de tous les subalternes, du haut en bas de la hiérarchie sociale, l'ensemble des intérêts, des idées et des sentiments qu'une conception normale montre comme devant être toujours en nécessaire convergence, et que des vues superficielles et mesquines rendent assez habituellement hostiles.

L'étroite dépendance individuelle longtemps subie par les employés, et qui dure encore si lamentablement en tant d'emplois divers où s'exerce leur professionnalité, est propre, on ne peut plus, à produire la déformation si déplorable des caractères qui s'affirme dans l'autocratisme et le servilisme, tour à tour offerts en spectacle par les natures sans générosité. Cette double tendance, au fond identique, d'individualités maladives, encagées dans le plus étroit horizon, a fait naître en une saisissante et plaisante image, l'appellation de *ronds-de-cuir*, injustement appliquée parfois à l'ensemble d'une grande catégorie d'employés, dont l'inertie n'est pas due à la fonction, mais bien à un régime suranné.

Ces fâcheuses dispositions, d'ailleurs encore motivées et entretenues par nombre de circonstances et de conditions, qui ne tiennent pas essentiellement à la professionnalité, devraient être d'abord et surtout combattues, dans l'intérêt bien compris du public et des employés, par tous les groupements de ceux-ci.

C'est, du reste, vraiment une condition *sine qua non* de l'amélioration professionnelle et domestique, et faillir à cette tâche serait tout uniment abandonner la plus nécessaire des entreprises corporatives. Ce serait, en effet, renoncer à exercer un droit imprescriptible, de regard et d'intervention, dans le recrutement, l'avancement et la direction des nouvelles carrières d'employés.

Le caractère complexe et la complexité croissante de la professionnalité des employés sont en étroite dépendance du mouvement économique, politique et social qui nous emporte. A le considérer comme un être complet, dans le terme qui le représente, l'employé est tout ensemble une façon de Maître Jacques, de Robinson Crusoë et de Vendredi, dans notre société civilisée. Il garde, classe, répartit, inventorie incessamment les personnes et les choses. Son service embrasse les unes et les autres, celui des personnes, dans leurs besoins et leurs facultés, dans leurs douleurs et dans leurs plaisirs, dans leurs relations de toute nature ; celui des choses, dans la manutention, la surveillance, le transport, le façonnement, la dénaturation et l'échange qu'elles exigent.

La division toujours croissante des travaux industriels a, du reste, des effets analogues pour l'ouvrier, et pour celui-ci comme pour l'employé, il en résulte, de plus en plus, de grandes conséquences, en ce qui concerne l'acquisition du savoir professionnel, comme en ce qui regarde l'organisation nécessaire à la défense du salariat.

La culture, l'industrie, les transports, le négoce, le commerce, la banque et l'administration publique ont un nombre toujours plus grand d'employés, et les fonctions de ceux-ci deviennent de plus en plus variées, à mesure que, dans ces diverses branches d'activité, s'introduisent des modifications que les effets de la concurrence et les inventions rendent incessantes.

Employés, par exemple, les commis attachés aux grandes exploitations agricoles ; employés, les agents de l'industrie, des transports par terre et par eau ; employés, les agents des bateaux à voyageurs, des tramways, autobus, etc ; employés, ceux qui dans les hôtels ne sont pas affectés directement au service de la domesticité ; employés, les aides-pharmaciens et herboristes ; employés, les commis d'épiceries, des petits commerces et des petites industries de l'alimentation, du demi-gros et du détail, des maisons de confection, de nouveautés, d'horlogerie, de bijouterie, de quincaillerie, de chaussures, de jouets, des bazars et des libraires ; employés, ceux des négociants, armateurs, banquiers, agents de change, notaires, avoués, huissiers, avocats, hommes d'affaires, courtiers, représentants de commerce, etc. ; employés, tous ceux qui sont, à des titres variés, agents d'échange, de manutention, de garde, de transport et d'inventaire, et qui sont « commis » pour et par leurs chefs, dans les bureaux, boutiques, magasins et caves que veulent ces opérations.

Du moindre magasin de détail aux « bureaux et caisses » des plus vastes administrations, qu'il s'agisse de celles de l'État, ou de celles des compagnies de chemins de fer, de navigation, d'assurances, des sociétés industrielles, des sociétés financières, etc., partout l'homme — parfois la femme — à qui l'on s'adresse, qu'il soit ou non derrière un guichet, se qualifie d' « employé », terme commode et imprécis, qui indique assez la multitude des fonctions à laquelle l'activité de celui qui le porte est appelée à coopérer.

« On peut dire, écrit le Dr Toulouse dans ses « Leçons de la vie », que notre société démocratique se divise en trois ordres : l'ouvrier, l'employé et l'homme des professions libérales ».

Ajoutons-y le domestique et le garde public, puis le directeur technique des travaux pratiques, autrement dit l'ingénieur, dans ses différentes variétés, depuis celle de l'entrepreneur proprement dit, jusqu'à celle du banquier ; admettons aussi que le savant se classera dans les professions libérales, et le cadre des professions se trouvera assez complet pour embrasser l'ensemble de la vie sociale, en ce qui concerne les réels besoins à satisfaire.

Dans la grande période de transition économique et sociale que nous traversons, il y a de nombreuses professions d'intermédiaires, qui participent à la fois du patronat et du salariat ; du premier, par la nature des responsabilités assumées et des initiatives obtenues ; du second, par la modestie des situations, la dépendance sociale et l'assimilation habituelle dans l'opinion. Ce sont là des situations vraisemblablement destinées à se modifier beaucoup, mais qui, pour le moment, offrent des imprécisions assez marquées et des problèmes particuliers. Il est bon nombre de ces professions qui font classer ceux qui en vivent parmi les « employés ».

Cette manière de procéder n'est, après tout, qu'une *anticipation*, et le mouvement des choses ne fera vraisemblablement que confirmer ce classement.

En effet, la division toujours plus grande des travaux et la concentration toujours plus nécessaire des capitaux, doivent de plus en plus classer les activités individuelles en directeurs de travaux et en agents d'exécution; mais ceux-ci sont, comme ceux-là, répartis en de nombreuses catégories, d'après la nature spéciale de chaque ordre de travaux.

En attendant le moment de pouvoir se confondre sous le même vocable professionnel général, les agents d'exécution, pour ce qui concerne les opérations proprement dites de production, se présentent en deux grands groupements, comme nous l'avons vu : celui des ouvriers et celui des employés.

Le premier doit de plus en plus tendre à se rapprocher de l'autre, aussi bien au point de vue de la tenue habituelle et des conditions d'existence, que sous le rapport des conditions de travail. Il y a là d'ailleurs, heureusement, une tendance d'unification, partout en progrès, que facilitera singulièrement la nécessaire prévision des besoins sociaux, en consolidant l'ordre général.

La classe des employés se partage assez nettement en trois grandes sections, toujours d'après la nature du travail et le degré d'initiative : celle des *employés de commerce et d'industrie*, comprenant les diverses branches des magasins de gros, demi-gros et détail, du commerce et de l'industrie ; celle des *employés de bureau*, enveloppant tous les emplois plus ou moins sédentaires des *bureaux*, études, cabinets d'affaires, etc., et celle des *employés intermédiaires*, plus ou moins libres de leurs mouvements, et plus ou moins diversement appointés : placiers, courtiers, commis-voyageurs, agents représentants, ayant contrat particulier pour agir au nom d'une ou de plusieurs maisons déterminées, se déplaçant suivant les instructions de celles-ci et d'après convention avec elles, en excluant, naturellement, ceux qui font de l'emploi une fonction patronale, une entreprise dont ils ont la direction, et qui opèrent à l'aide d'agents, de commis, de courtiers, plus ou moins nombreux, rétribués par eux.

Cette exclusion est, quelquefois, assez délicate, parce que la démarcation de ces employés intermédiaires peut offrir des difficultés particulières, en raison de situations spéciales, donnant lieu à des questions embarrassantes. Nous avons connu notamment le fait d'un agent d'assurances exclu d'un syndicat d'employés de bureau, lequel agent pouvait tirer argument, contre la démission qui lui était demandée, de diverses appréciations et opinions officielles, d'après lesquelles il était autorisé à prétendre conserver sa qualité de membre dudit syndicat.

Nous pouvons rappeler, à ce propos, qu'il y a quelques années, dans son rapport fait au nom de la

Commission de la Chambre des députés, chargée d'examiner une proposition de loi, tendant à étendre aux voyageurs à la commission l'admission au nombre des créances privilégiées des commissions à eux dues pour les six mois précédant la déclaration de faillite du patron, M. P. Legrand disait :

« Les auteurs de la proposition avaient proposé d'assimiler aux commis les courtiers et représentants de commerce. »

« Il a été déclaré par eux que c'était par erreur que le mot courtier figurait dans la proposition. En effet, même le simple courtier de marchandises, qui n'est qu'un intermédiaire s'entremettant pour amener entre des négociants, dont les intérêts sont contraires, la conclusion d'un marché, est toujours commerçant, tenant maison de commerce, payant patente, ayant presque toujours sous ses ordres de véritables commis. C'est un véritable patron. »

Dans la pratique, il faut bien en convenir, on rencontre des cas particuliers de dépendance directe qui font de l'individualité en cause, malgré le mot et l'apparence, autre chose qu'un patron et bien plutôt un commis qu'un patron. Ce sont évidemment là des cas exceptionnels qui seraient propres, dirait-on, à justifier la règle, si l'on n'y voyait pas la conséquence de transitions, de modifications plus ou moins momentanées ou durables, et plus ou moins profondes, du système d'affaires ou des travaux.

Toutefois encore, les trois sections que nous avons cru pouvoir reconnaître, pour grouper l'ensemble des catégories d'employés, chevauchent, en nombre de cas, l'une sur l'autre, et il arrive assez fréquemment, par exemple, que des employés affectés à un service de *bureau* sont enveloppés dans leur travail journalier, par des employés vivant d'un emploi de magasin, avec lesquels ils ont des intérêts étroitement communs. L'inverse se produit pareillement, outre que des employés ont alternativement, d'un instant à l'autre, le caractère de l'une ou de l'autre de ces trois sections.

Cette complexité même de relations interprofessionnelles et cet interenlacement d'intérêts corporatifs, veulent donc, exigent impérieusement l'accord, l'entente et l'union de toutes les catégories d'employés ; mais, non moins nécessairement, il faut reconnaître que cette situation entraîne des confusions débilitantes, et une action désordonnée, vague et inconsistante, dans tout effort d'amélioration.

Il est dès lors évident que, pour toute sérieuse compréhension des divers intérêts en jeu, pour l'efficace défense de ceux-ci, des *précisions* et des *sectionnements* sont indispensables, en accord avec les distinctions et les nécessités que représentent les divers intérêts.

Dans une professionnalité aussi vaste, aussi variée, aussi complexe, aussi intéressante et aussi active que celle des employés, c'est assurément le meilleur et le plus sûr moyen de créer et de manifester une *conscience collective*, dirigeant et contrôlant, par une légitime et rationnelle influence morale et effective, les libres consciences individuelles.

On ne doit pas oublier que, sans cette conscience

collective, il n'est pour ainsi dire pas possible de faire surgir le moindre vrai progrès social, puisque, seule, elle peut mettre fin à la lutte écrasante de tous contre chacun, à *l'incessante guerre civile* d'une concurrence sans limites et sans lois.

En effet, l'état actuel des choses, quand on l'étudie d'assez près, en y apportant les conditions de bienveillance active qu'exige l'examen de tout problème sociologique, où le sujet d'expérience est un ensemble d'êtres humains, sensibles et spontanément agissants, nous oblige bientôt, quels que soient nos intérêts et nos préjugés personnels, à reconnaître un ordre social toujours très insuffisant, où la personnalité humaine ne peut se développer harmoniquement, parce que trop de causes concourent encore à la tenir en une tutelle excessive, étroite et démoralisante.

Nous sommes censés vivre sous un régime conforme aux célèbres principes de liberté et de droit commun, décrétés en août 1789, par l'Assemblée Nationale. Nous ne cessons guère de faire, avec raison d'ailleurs, le rappel de ces principes, auprès des autres peuples notamment, en utilisant toutes les circonstances qui peuvent plus ou moins directement le permettre.

A ce dernier point de vue, notre rôle dans les deux Conférences de la Paix a été particulièrement brillant, et les représentants de la France y ont tenu le langage le plus humain et le plus élevé, pour ne rien dire des multiples et divers congrès internationaux auxquels notre pays a participé durant les dernières années.

Nos timbres poste ont même porté en tous les pays, il n'y a pas longtemps, comme une fière évocation du *Droit universel*, le titre, journellement rappelé, de la célèbre *Déclaration des droits de l'homme et du citoyen.*

Cette « Déclaration » a magnifiquement posé avec une incomparable solennité et un profond mais trop absolu sens de justice, le problème social tout entier. Elle en a précisé les plus nécessaires conditions, en même temps qu'elle a déterminé par quoi seulement peut se légitimer une autorité quelconque. Elle a défini les relations de l'individu et de la société, en consacrant, pour ces deux modes de l'existence humaine, l'indispensable besoin de respecter les conditions propres à assurer leur plus grand développement respectif.

Elle a reconnu un caractère *sacré* à toute personnalité humaine ; elle ne permet à aucun titre, à aucun degré, une tyrannie quelconque. Elle interdit, même à la société légalement assemblée ou représentée ; même à la majorité, si nombreuse soit-elle ; même à la volonté commune, fût-elle unanime, de disposer de quoi que ce soit, de renoncer à quoi que ce soit, arbitrairement. Elle ouvre toujours à l'avenir un horizon entièrement libre, et les grandes commotions de la fin du XVIIIe siècle, du début du XIXe, et des cinquante dernières années, ont fait d'elle, virtuellement au moins, la base de toutes les législations du monde « civilisé ».

« L'exercice des droits naturels de chaque homme, dit-elle, n'a de bornes que celles qui assurent aux autres membres de la société la jouissance de ces mêmes droits ; ces bornes ne peuvent être déterminées que par la loi. »

Pour nettement marquer que *la loi ne doit être qu'un instrument de liberté et d'équité*, elle en précise les limites d'un trait on ne peut plus net, et déclare que « la loi n'a le droit de défendre que les actions nuisibles à la société ». Elle insiste encore sur la limitation de la puissance légale. « La loi, dit-elle, doit être la même pour tous, soit qu'elle protège, soit qu'elle punisse. » Et réclamant la sanction nécessaire aux principes qu'elle pose, « toute société, ajoute-t-elle, dans laquelle la garantie des droits n'est pas assurée, n'a point de constitution ». C'est formel et catégorique.

En réalité, nous sommes rarement fidèles à ce superbe appel à la dignité humaine. Nous conspirons à peu près continuellement contre la réalisation de ce splendide idéal. Tous, ou presque tous, *nous rêvons de privilèges en notre faveur*. Mais la République est essentiellement le régime du droit commun, et nous devons revenir à cet idéal, que son nom même nous propose, et qui fuit toujours, sans avoir rien d'utopique, autrement dit d'impossible.

Il faut nous défaire de nos tyrannies *réciproques*, et en finir avec tous les régimes d'exception, que multiplie « l'incessante et lamentable fabrication de lois nouvelles, dont trop de fois, on pourrait croire que leurs auteurs ont pour objet de renforcer, dans l'application, la vieille et funeste conception de l'Etat, ennemi et maître de la nation, tout en étant lui-même livré, par le jeu des institutions, à des volontés particulières, plus ou moins durables et nombreuses, plus ou moins capricieusement groupées, au hasard de combinaisons qui échappent à toute impartiale prévision, mais toujours inspirées, en réalité, par cette idée qui faisait dire à Louis XIV : « L'Etat, c'est moi. »

Le vain souci de sauvegarder et de développer leurs pouvoirs personnels, ou leurs intérêts de classe, dont il est vraiment par trop insuffisant de nier la persistance dangereuse, suggère à ces volontés, d'ailleurs matériellement irresponsables autant qu'instables, la même préoccupation, personnellement autoritaire, qui avait jadis érigé en principe de gouvernement qu'il faut *diviser pour régner*.

Cette simple maxime stratégique, qui rappelle l'origine guerrière de nos anciennes constructions politiques, jure tout de même un peu trop avec l'esprit qu'on se plaît à supposer à nos institutions républicaines.

Que sert-il de proclamer les citoyens égaux *devant* la loi, si celle-ci crée systématiquement entre eux des inégalités arbitraires ?

Quand on les considère à la lumière des principes fondamentaux de l'équité, et quand on se rend compte de la duperie, générale et réciproque, qui résulte des « cantonnements », qualifiés plus ou moins ouvertement de privilèges et de faveurs, octroyés et sollicités, les vicissitudes légales et juridiques des employés illustrent, d'une manière on ne peut plus sensible, l'inanité réelle des procédés qui ne tendent qu'à perpétuer l'état de minorité du prolétariat.

L'émancipation de celui-ci est, au fond, l'unique problème social, et c'est par leur renonciation, expresse et conditionnelle, à leurs prétendus privilèges, que les travailleurs imposeront à leurs adversaires ce droit commun, de liberté et de justice, dont la réalisation constitue la condition première et nécessaire de leur véritable affranchissement.

Pour que les travailleurs s'incorporent vraiment à la société moderne, suivant le vœu d'Auguste Comte, il faut qu'ils réclament et assument les charges et les droits qu'elle suppose chez tous ses membres « majeurs », c'est-à-dire réellement libres et responsables. Par voie de conséquence, les travailleurs doivent rechercher et repousser, sans relâche, toutes les charges non compensées pleinement qui leur sont imposées. Il leur faut pour cela le savoir et la volonté. Ils doivent d'abord comprendre qu'ils font nécessairement tous les frais de tous les régimes d'exception, et que *ceux-ci ont pour premier effet de faire l'obscurité* sur tout ce qu'il leur importe essentiellement de savoir.

Sous prétexte d'être pratique, on préconise toujours, au profit administratif immédiat de quelques individualités, telles ou telles formules spéciales bruyamment prônées, et généralement, c'est un obstacle de plus qu'on oppose ainsi aux vraies améliorations nécessaires. On oublie trop l'heureuse observation de Bastiat, car en toutes ces questions dites sociales, il y a « ce qu'on voit et ce que l'on ne voit pas. »

On s'est parfois plu à dire, en des milieux où l'intellectualité habituelle n'aurait pas dû permettre un tel abus des mots, que, de nos jours, l'*ouvrier est roi*. On sait de reste ce que vaut cette prétendue royauté, et l'attrait qu'elle exerce sur tous ceux qui ne l'ont pas reçue par droit de naissance ! Si l'on prenait pour vrai le titre de roi que l'on donne ainsi au peuple des ouvriers, pour entendre le réel sens qu'il comporte, il faudrait ajouter que jamais roi ne fut plus ironiquement berné et trahi, plus niaisement crédule et confiant, par le simple effet de sa répugnance à faire son métier de souverain, indolence funeste qui le met toujours à la merci des plus bruyants et des plus décevants charlatanismes.

Une heureuse indication de tendances nous est nettement fournie par les employés qui, maintenant, d'une manière très vigoureuse et très soutenue, réclament leur assimilation légale aux ouvriers. Il est vrai que c'est aussi dans le sens d'une obtention de privilèges que leurs Congrès, par exemple, demandent « l'extension aux employés de toutes les lois faites ou à faire en faveur du travail ». Mais cette formule renferme une partie négative et une partie positive, très diversement importantes et utiles, la première, seule vraiment indispensable, tendant à mettre fin à un fâcheux régime d'exception, et conduisant logiquement à renoncer à la seconde. Ne combattre l'injustice que quand nous en souffrons, ce n'est pas aimer vraiment la justice !

Dans cette voie de libération, où les travailleurs conscients doivent de plus en plus s'engager, et où les employés, notamment, peuvent grandement éclairer et appuyer pratiquement les efforts du prolétariat, il importe de poursuivre en première ligne la disparition de l'incapacité légale qui pèse injustement sur le salariat et le frappe d'impuissance, *faute d'une nécessaire sanction légale des obligations intersociétaires.*

Cette sanction légale devrait, naturellement, avoir de raisonnables et humaines limites, mais il n'y a réellement aucune bonne raison qui puisse être invoquée pour interdire à un travailleur, *comme travailleur*, la faculté de s'engager, individuellement, envers ses collègues, *de la même manière* qu'il s'engage envers un fournisseur ou envers son propriétaire.

Il faut, et il est légitime, disions-nous, il y a nombre d'années, que les travailleurs soient soustraits à cette incapacité légale qui les désarme vis-à-vis de la puissance croissante du capital. Il faut, et il est légitime qu'ils puissent s'engager entre eux par des conventions de travail et de non travail, et que la loi sanctionne les contrats d'association du savoir et du pouvoir professionnel, comme elle sanctionne les contrats d'association des capitaux.

Pour montrer, en toute sa ridicule faiblesse, la « royale puissance ouvrière », et, en toutes leurs variétés, les « libertés » populaires, il suffit de rappeler le hardi sophisme au moyen duquel on a fait de l'isolement du travailleur, en faveur de la coalition capitaliste, le dogme, sacro-saint mais menteur, de la liberté du travail.

Qu'on donne donc aussi, disions-nous en 1893, cette

prétendue liberté au capital! Qu'on permette, par exemple, aux actionnaires d'une compagnie, dégagés de toute responsabilité, de se retirer, individuellement, à toute heure qui leur conviendra, qu'ils aient ou non accompli leurs engagements envers leurs *co-associés*, et cette compagnie jouira, n'est-ce pas, si tant est qu'elle puisse vivre, d'un joli crédit!

Il n'y a d'association véritable et possible, au sens économique du mot, qu'autant que les associés ont la *capacité légale* de contracter, de s'engager, et qu'ils sont tenus d'accomplir fidèlement leurs engagements, que la loi doit avoir pour objet de sanctionner, en déterminant une réelle et efficace responsabilité civile.

Il n'en doit pas aller autrement pour le travail que pour le capital. Mais que, pour défendre en France, suivant la formule de la loi de 1884, leurs *intérêts communs*, des ouvriers forment des *syndicats*, ces syndicats n'auront qu'une force purement morale et seront d'avance condamnés à lutter dans des conditions dérisoirement *inégales* avec les capitalistes, détenteurs des instruments et des matériaux nécessaires à la production. Il est, en effet, loisible à tout membre d'un syndicat de se retirer, quand il le juge à propos, et cette simple disposition, en apparence si pleine de bienveillance pour le travailleur, détruit entièrement la *force* de l'association ouvrière qui, avec un régime légal comparable à celui qui protège et sanctionne l'association capitaliste, aurait une force réellement effective, et pourrait traiter, d'ores et déjà, d'égal à égal avec son antagoniste, au lieu de recourir à des procédés d'émeute, qui témoignent assez de son impuissance réelle.

Au point de vue des *salaires*, la relation naturelle de l'offre et de la demande est ainsi entièrement faussée par les lois politiques, qui refusent au travail la faculté et les facilités d'association qu'elles assurent au capital, par une protection pleine de sollicitude. Il est facile d'entendre la puissance que posséderaient les travailleurs, s'ils pouvaient associer leurs bras comme on associe des capitaux. Mais un tel progrès légal, pour s'accomplir, exigerait chez les *ouvriers* de telles ***convictions*** et une telle ***méthode politique***, et chez les *employeurs*, une telle ***magnanimité*** et une telle ***sincérité***, qu'il paraît *peu probable* qu'on en vienne avant *bien longtemps* à cette réforme qui, pourtant, ***dépasserait de beaucoup*** l'efficacité de toutes les autres réformes ouvrières si bruyamment réclamées, car elle rétablirait la prépondérance, légitime et indispensable, que la société doit normalement reconnaître, dans ses préoccupations, aux intérêts de ceux qui la font vivre matériellement.

Au lieu de chercher à obtenir de prétendues faveurs spéciales, dont le bienfait est insignifiant, par rapport à leurs besoins urgents et à leurs véritables droits, les travailleurs auraient tout avantage à ne réclamer qu'un traitement d'égalité avec les capitalistes, vis-à-vis des lois. Au lieu de supposer qu'il faut « chambarder » la société moderne, ceux qui mènent les classes ouvrières iraient considérablement plus vite à leur but en les faisant entrer méthodiquement et pacifiquement dans cette société, par le respect de plus en plus vrai et la soumission de plus en plus éclairée envers la base même de la légalité.

Dans cet ordre d'idées, il faut déplorer l'abandon, à peu près général et complet, en tous les programmes dont on poursuit la réalisation pratique, d'une réforme capitale, nécessaire et toujours urgente, directement propre à concourir à la destruction des classes, où s'enferment encore, quoi qu'on en dise, et plus ou moins agressivement, les enfants du pays, d'après leur origine et la nature de leurs moyens d'existence. La gratuité absolue de la justice, à tous les degrés, fut longtemps, en effet, une réforme favorite des programmes politiques tendant radicalement à l'amélioration du sort du plus grand nombre.

Cette réforme eût entraîné celle des jurys dont l'institution, très différente de ce qu'elle est aujourd'hui, et fonctionnant *à tous les degrés* du système répressif, aurait montré une composition plus conforme à la démographie nationale, et aurait assuré à la vie humaine une protection non inférieure à celle qui fait la sauvegarde des propriétés.

A seulement supposer le recrutement des jurés opéré moitié par les syndicats patronaux et moitié par les syndicats ouvriers, proportion qui favoriserait encore considérablement l'élément capitaliste, mais qui appellerait, dans son recrutement le plus systématique, l'élément ouvrier, aujourd'hui exclu, on aperçoit, immédiatement, l'immense modification qui en résulterait dans nos mœurs et son importance dans l'œuvre de relèvement moral de la classe ouvrière. C'est un grand pas que vient de faire faire à cette question la circulaire de M. Briand au sujet des jurés ouvriers. Il est douteux que cette réforme puisse cependant donner de prompts résultats effectifs, mais elle est d'importance considérable au point de vue de l'action sur l'opinion. Il y a certainement quelque chose de changé en France.

A cette situation dépendante et injuste, généralement faite encore aux employés comme aux autres travailleurs, en ce qui concerne leur émancipation légale, s'ajoute pour les employés l'inconvénient, pour ne pas dire plus, d'une instabilité et d'une incertitude particulières dans la jurisprudence, en résultat de la complexité croissante et variable de leur professionnalité, comme aussi de traditions diverses, anciennes et successives, qui ont résisté à tous les changements survenus dans notre régime légal, et qui se sont maintenues ou modifiées, d'après les usages plus ou moins fixes, consacrés ou retouchés par une jurisprudence qui n'est pas partout identique à elle-même.

Nous aurons l'occasion plus loin d'apprécier plus particulièrement cette situation, notamment au point de vue du louage de services, des salaires, des prud'hommes, de l'électorat consulaire, etc. Il nous suffit ici d'avoir fait ressortir assez combien est justifié en son principe, et comme est conforme à la réalité des choses, le vœu des employés tendant à obtenir leur assimilation légale aux autres travailleurs. Cette assimilation légale ne heurte et n'entrave aucunement la complexité croissante de la professionnalité des employés, dont les fonctions économiques et même le genre de vie offrent parfois des différences profondes, mais ne modifient nullement leur condition de *salariés*, qu'ils partagent avec les ouvriers.

D'autre part, si l'intérêt propre des travailleurs est toujours de bien définir leurs intérêts *par de judicieux sectionnements de leurs associations*, conformément aux différences sensibles de travail, aux aptitudes différentes exigées d'eux, et aux diverses améliorations obtenues, *on ne saurait porter atteinte à leurs droits d'association, et notamment au droit syndical des professions similaires.*

On comprend, dès lors, l'émotion causée par un récent arrêt du Conseil d'État, qui a dénié à la *Chambre syndicale des Employés de Paris* le droit d'ester en justice, parce qu'elle réunit des employés de plusieurs catégories. Cet arrêt, comme il fallait s'y attendre, a provoqué une vive protestation dans les deux récents Congrès d'employés, à Toulouse et à Lyon (1907). La formule de protestation a été gâtée, certes, par l'insertion inutile et même nuisible d'une accusation, qualifiant l'arrêt de « basse vengeance réactionnaire et patronale » ; mais il est dans la nature des choses que le condamné maudisse ses juges et qu'il grossisse volontiers leurs torts, pour les juger à son tour.

Il est néanmoins regrettable que des assemblées, même passionnées dans leurs débats, perdent le sens de la mesure dans leurs décisions. Le sang-froid est la qualité caractéristique des chefs, de ceux qui sont vraiment aptes à la direction des autres, et leur maîtrise d'eux-mêmes est la plus sûre garantie de leurs succès. Tout en tenant compte de l'influence des milieux, il faut souhaiter, dans l'intérêt même de la cause des travailleurs, que toutes ces inutiles violences de langage disparaissent. Là, comme ailleurs, le temps fera son œuvre. La fermeté n'est pas exclusive de courtoisie, et l'absence de celle-ci nuit souvent aux meilleures causes.

Quoi qu'il en soit, le mouvement des choses tend évidemment à simplifier, à unifier les conditions sociales, et c'est en vain que l'on voudra tenter de séparer *légalement*, par des statuts particuliers, comme dans la question des syndicats de fonctionnaires, ou dans le cas présenté par la Chambre syndicale des Employés de Paris, telles ou telles catégories de travailleurs, dont les besoins sont de plus en plus communs.

Le caractère artificiel de ces entreprises ne peut leur assurer aucune réelle longévité. La vérité est toujours en marche, entraînant sur ses pas l'homme de raison droite et de franc cœur. On peut parfois, pour un temps, voiler mais non éteindre sa lumière, et l'homme qui la nie s'aveugle lui-même. Si, malgré le grand et complet empire qu'elle eut sur les esprits et les cœurs, l'Église n'a pu, sans danger pour elle-même, refuser de s'identifier, *en tout son essor*, mental et moral, avec l'Humanité ; si son dédain des besoins de ce monde lui a arraché, sur tant de points, la direction spirituelle, effective, de celui-ci, peut-on penser que l'État pourrait désormais longtemps agir à l'encontre des vrais besoins populaires, dont partout, chaque jour, la conscience se fait plus nette !

CHAPITRE IV

Le cas des fonctionnaires

Le caractère si vague, si indéterminé, si mobile, que son étendue même et ses incessantes modifications donnent à la professionnalité des employés, a pour effet de déterminer, à son égard, nombre d'opinions confuses et contradictoires, et de lui faire subir un régime extrêmement capricieux et arbitraire, où ne manquent pas les situations équivoques et les concurrences anormales.

Il se fait dans les esprits sur ce sujet un travail considérable et quotidien, et les agitations de toute nature, auxquelles le public est appelé à participer ou à répondre, montrent bien nettement, une fois passée la période aiguë de chaque campagne d'opinion, qu'un sentiment plus profond d'humanité se répand, en même temps qu'un intérêt plus vif pour le sort fait aux travailleurs de toute catégorie. Même l'espèce de lassitude qui se fait jour, chez ceux qui ont le plus ardemment combattu, chaque fois, pour le maintien des abus, est un précieux indice, facilement observable, de la marche des idées. Les triomphes rétrogrades ont parfois une modestie qui révèle un malaise moral et comme un regret, pour ne pas dire un remords, des succès obtenus !

La nature et les aspects des rapports sociaux ne sont nullement altérés, cela va sans dire. Les hiérarchies, les antagonismes, les dépendances demeurent en leur essence. Les nécessités fondamentales de toute activité sociale, de tout ensemble et de toute convergence ne sont pas moins inéluctables, et l'égoïsme ne cesse pas d'être un indispensable et très énergique facteur d'activité et de coopération ; mais une impression humanisante, toujours plus immédiatement présente, est vraiment sensible, et prépare certainement des mœurs nouvelles et meilleures. On sent de mieux en mieux que chacun de nous a une part de responsabilité dans les « injustices » du sort fait aux autres. Nombre de questions mûrissent rapidement, et silencieusement inclinent les cœurs vers des solutions que les lèvres et la plume paraissent encore repousser. Ce que nous croyons vrai nous domine toujours irrésistiblement !

Parmi les principales des situations et des concurrences anormales qu'il convient d'observer un moment, en ce qui concerne les employés, il y a lieu de noter, tout d'abord, la grosse question du statut des fonctionnaires, celle des prud'hommes employés, celle des responsabilités abusives supportées par les employés, celle des saisies-arrêts, puis d'apprécier le caractère, les excès et les misères de la concurrence des femmes, des enfants, des jeunes gens, des étrangers, des volontaires, etc., pour enfin essayer d'apercevoir quel devrait être, pour le bien de tous, le régime corporatif de la professionnalité à laquelle nous consacrons ces lignes.

La diversité des buts et des situations, la variété et l'opposition des intérêts particuliers nous mettront fréquemment en présence de contradictions assez violentes, mais toujours dominées cependant par une réelle et générale communauté d'intérêts.

Il faut donc considérer ici la question des fonctionnaires, autour de laquelle, durant de longs mois, on a fait une agitation dont les vrais mobiles échappaient habituellement au public. On a spéculé sur les préjugés les plus mauvais; on a envenimé des situations; on a excité des colères, des dégoûts, des mépris réciproques, et les mensonges les plus hardis ont à ce point faussé les esprits, et nourri les préventions que chacun prononçait avant d'avoir jugé. Combien de fois, et sur combien de questions, procède-t-on ainsi, dans ce beau pays de France, dont les enfants aiment à se dire loyaux, chevaleresques, d'esprit clair et généreux!

Au point de vue logique, comme au point de vue pratique, ce que nous avons à dire sur l'employé, spécialement l'employé de bureau, considéré dans ses associations comme dans les fonctions qui en font un agent de l'industrie, du commerce, des transports, de la banque, et généralement de toute espèce d'administration, s'applique évidemment aux agents de l'État, chargés de fonctions analogues, et jouissant d'un régime domestique sensiblement pareil. Il en faut penser tout autant, naturellement, pour ce qui regarde les emplois de même nature, créés par les départements et les communes.

De plus, il n'est pas douteux que le recrutement, l'organisation, les traditions, l'évidente utilité, le contrôle public, journalier, des emplois dits de fonctionnaires donnent un caractère, par de sérieuses raisons, hautement moral et respectable aux agents qui en ont la charge. C'est ce qu'Auguste Comte mettait notamment en pleine lumière lorsqu'il appelait « tous les amis sincères du progrès social à reconnaître que, dans un milieu déréglé, les fonctionnaires publics constituent, en général, la meilleure classe, tant de cœur que d'esprit ».

On a plus ou moins sincèrement redouté les associations de fonctionnaires. Les uns et les autres ont considéré comme de bonne guerre de se faire un argument *politique* des moindres incidents, des moindres paroles, des moindres gestes de tels ou tels fonctionnaires, comme si chacun de ceux-ci avait mandat de tous pour chacune de ses pensées. On a tout uniment, puisqu'il faisait jour, oublié le soleil et méconnu ce fait, ce grand fait, résultant d'un travail multiséculaire, que si tout le haut personnel politique venait à s'endormir, pour un temps même assez long, comme la Belle-au-Bois-Dormant ou le pauvre Rip, la vie nationale, grâce aux fonctionnaires, n'en serait pas exagérément troublée, contrairement à ce qui arriverait dans l'hypothèse contraire, qui supposerait suspendues les opérations effectuées par les fonctionnaires.

Nous ne refaisons pas la parabole de Saint-Simon

par cette supposition précise, et nous nous tenons dans les limites de la professionnalité à laquelle nous consacrons notre étude.

Or, tant vaut l'homme, tant vaut la chose. Une association, si vaste soit-elle, ne peut valoir qu'en raison de la valeur personnelle de ses membres, et l'intérêt général demande précisément dans ces emplois, comme dans tous les autres, autre chose que la faveur, le piston, le caprice, l'arbitraire et la satisfaction d'intérêts de coterie, d'intérêts inavoués généralement, et pas toujours avouables.

Nous sommes encore très loin d'être parvenus, les uns et les autres, au point de concevoir comme il convient le caractère essentiellement respectable de toute fonction, publique ou privée, dignement remplie. Et ceux qui y voient comme une proie, un privilège, ou une récompense, montrent trop clairement combien est grande à ce sujet leur inconscience.

Cette situation, trop réelle, et que des faits pas trop lointains ont un moment livrée aux regards du public est profondément humiliante, parce qu'elle fait ressortir, suffisamment, combien vaines sont nos prétentions d'avoir tant progressé, par rapport à nos ancêtres, dont on croit communément qu'ils vivaient sous le régime du bon plaisir de leurs chefs absolus et irresponsables. Que de fois encore, nous prenons des vessies pour des lanternes !

Cette situation, si singulière, en vérité, qui ruine à tout instant de légitimes espoirs et perturbe tant de carrières, est particulièrement propre à détruire, chez les intéressés, les plus respectables notions comme les plus nécessaires habitudes d'ordre, de travail et de dévouement à l'intérêt général.

De telles interventions constituent un dangereux dissolvant et témoignent chez leurs auteurs de la plus décourageante conception du bien public. Les réactions qu'elles provoquent spontanément, chez ceux qui en souffrent, s'accordent, en vérité, avec le fameux « bien du service », et il est profondément pénible de voir accusés d'esprit de désordre ceux-là précisément dont les réclamations tendent à rétablir l'ordre, compromis et troublé par ce qu'ils considèrent comme de véritables abus de pouvoir.

Ces quelques observations sur les conditions spéciales que subissent les fonctionnaires, suffisent à rappeler ici que, dans les emplois dont ils vivent, il est plus dangereux qu'ailleurs d'attacher le grelot des réformes.

En effet, si nous écartons de notre examen les associations religieuses qui, en rejetant le type familial, s'édifient à l'encontre des besoins fondamentaux de la société, le plus vaste et le plus puissant des groupements organisés est partout celui de l'État. En le considérant au point de vue que demande notre étude, c'est-à-dire, surtout, sous le rapport des carrières qu'il ouvre aux individus, l'État a gardé et a même encore développé les vices de son origine despotique, arbitraire et absolue, en y ajoutant ceux qui résultent de l'intervention d'influences politiques considérablement multipliées, et en incessant renouvellement.

Même dans le cas des services d'ordre économique,

offerts au public, la clause d'irresponsabilité, qui serait scandaleuse et impossible partout ailleurs, fait à l'État une situation exceptionnelle et purement arbitraire, en déni des formes communes d'équité ; et dans les conflits que son administration soulève au contact d'intérêts particuliers, l'État ne se soumet ni aux lois, ni aux juges qui suffisent pour les besoins des citoyens entre eux. Il se soustrait aux difficultés, aux obligations, aux nécessités logiques et équitables, qui naissent de la nature des choses et des relations humaines. Et néanmoins, cela va sans dire, nous nous prétendons libres, et nous prenons plaisir évident et sincère à le proclamer avec solennité.

Il faut à l'État, et cette conception a les plus lamentables conséquences sur l'ensemble des cerveaux, le monopole, l'irresponsabilité, le bon plaisir et le prestige, c'est-à-dire on ne sait quoi d'indéterminé, glorieux et menaçant, par quoi son « autorité » en impose et s'impose, ajoutant à la réalité d'une supériorité incontestable et nécessaire, le mystère d'une toute-puissance irrésistible et inébranlable, quoi qu'il fasse et quoi qu'il arrive, et ce, malgré toutes les « Déclarations des Droits de l'Homme et du Citoyen ».

L'État demeure en tous pays le souverain absolu et irresponsable, et les constitutions, lois et décrets, qui ont eu censément pour but de limiter son pouvoir, n'ont guère fait que le consacrer et le fortifier plus encore, en le précisant et en lui sacrifiant de nouveaux domaines de l'activité sociale, d'où, par cela même, la liberté publique a disparu légalement.

Le contrôle illusoire de l'opinion et les fictions

parlementaires, ne peuvent rien contre le fait permanent et lamentable de la toute-puissance de l'État, pour longtemps encore sans doute inévitable. Dans les divers pays où les bureaux gouvernent, la différence des procédés, des attitudes et des égards envers le public résulte surtout, essentiellement même, des coutumes nationales et de la dignité individuelle des citoyens, de leur spontanéité, plus ou moins énergique et habituelle, de leur esprit d'indépendance personnelle.

Il n'y a, en vérité, de correctif général, réel et efficace aux méfaits de la bureaucratie que dans les mœurs de la liberté et de la fraternité, le principe théorique de l'État ayant pour base la défense apparente d'une égalité, à laquelle il n'est jamais soumis, dans ses agents. Il faut donc se réjouir de ce qu'un souffle d'humanité agite maintenant de plus en plus le personnel des emplois de l'État.

Les intérêts individuels de ce personnel ne peuvent être vraiment sauvegardés que par cet esprit nouveau, qui tend à rapprocher et à unifier toutes les parties du corps social. Il ne faut pas oublier que les Bureaux de l'État ont inévitablement tous les caractères du souverain, mais qu'ils présentent une multitude de têtes, dont aucune n'est indispensable, dans sa personnalité, à l'existence et au fonctionnement du système, parce qu'aucune d'elles n'a de vie propre et spontanée, et parce qu'aucune activité n'y est efficace, aucune initiative n'y est possible, en dehors des conditions nécessaires au maintien et au développement de la suprématie de l'État.

Cette observation est fondée à ce point même que tous les faits politiques concourent à la faire naître individuellement, au spectacle des situations que crée la tendance de l'État à absorber des parties de plus en plus importantes de l'activité sociale.

L'ensemble de cette situation administrative, avec les avantages particuliers, personnels, qu'elle peut comporter, malgré les inconvénients, voire même les dangers, d'ordre général, qu'elle peut offrir, a déterminé cette tendance spéciale, exclusive et forcenée, à ne considérer, en tous cas quelconques, que les chances et les moyens d'avancement, si bien caractérisés par le nom d'*arrivisme*. Contre cette tendance pourrait s'élever efficacement l'*activité syndicale* des fonctionnaires, et cela explique à la fois certaines inquiétudes vraies, d'autres tout à fait voulues, systématiques et complaisamment outrées, d'autres encore artificieusement et habilement provoquées et exploitées, grâce à l'ignorance et à l'inconscience générales, inévitables et habituelles du gros public. Cela explique l'utilisation de cette situation anormale par de furieuses et, au fond, inutiles campagnes, habilement conduites, comme toujours, plus au profit de quelques-uns que de la masse des intéressés et du public.

Mais, quels que puissent avoir été les motifs qui ont guidé, pour et contre, ceux qui ont pris part à l'agitation faite autour de la question dite des fonctionnaires, il n'en demeure pas moins que la situation des employés de l'État rentre directement dans le cadre de notre étude, et que, citoyens comme les autres, malgré toutes prétentions contraires, on ne peut leur refuser plus qu'à d'autres les moyens d'étude et de défense en commun de *leurs intérêts professionnels.* Nous savons bien qu'au cas, presque impossible, où il pourrait leur prendre fantaisie de s'occuper d'autre chose, les moyens ne manquent pas de les en empêcher.

Disons-nous d'ailleurs, pour bien entendre tout ce qu'il y a d'artificiel et d'artificieux dans cette agitation, que le souci de la sûreté de l'État n'est nullement plus en cause en cette affaire qu'en toute autre grande section de l'activité générale du pays, et que les mêmes arguments pourraient encore servir, avec quelques *si,* faciles à trouver, à l'égard de toutes coalitions éventuelles quelconques, un peu considérables.

On pourrait, du reste, au grand profit du public, débarrasser l'État et ses sauveurs de leurs motifs d'inquiétude, par la libération des services non directement politiques de l'État. Cette utile *séparation* remettrait les services en question au personnel qui en dépend, sous des conditions raisonnables de responsabilité, et sans monopole. Nous ne craignons pas d'affirmer que le public y gagnerait beaucoup, et que ces services acquerraient bientôt une vitalité, une souplesse, une spontanéité et une utilité qui, sous le stimulant de leurs propres concurrences, d'une libre initiative et d'un réel contrôle public, auraient les plus avantageux effets dans l'intérêt général et dans l'intérêt particulier des fonctionnaires intéressés.

Nous pouvons avec toute raison penser que cette

libération, ce retour au réel souci de l'intérêt public, ne tarderait pas à produire de bons effets, dans l'amélioration et le développement des services, d'après les besoins de la population, réduite aujourd'hui à mendier inutilement, dans la plupart des cas, des perfectionnements et des sauvegardes, dont l'absence ou le retard font, à tout instant, l'étonnement de l'observateur.

Si la Déclaration des Droits de l'Homme et du Citoyen doit être prise pour base d'appréciation, on peut dire que l'État a usurpé en se faisant commerçant, industriel et banquier, et qu'il a usurpé en constituant des monopoles. En intervenant dans le mouvement économique, il a créé, pour les personnes et pour les choses, nombre de situations douteuses et toujours mal définies, parce que mal définissables; mais, même avec l'obligation d'une redevance correspondant aux profits qu'il en tire, l'abandon, par l'État, aux employés qui y sont attachés, des services non directement politiques, aurait certainement pour l'État lui-même, pour le public et pour les agents en question, les conséquences les plus heureuses à tous égards, et les plus saines assurément, au double point de vue économique et social.

Quoi qu'il en soit, il ne nous paraît vraiment pas que l'on puisse légitimement refuser aux fonctionnaires le bénéfice de la loi sur les syndicats.

« Certes, comme le faisait observer M. G. Séailles, le 1er août 1907 à l'assemblée des instituteurs de l'Ain, le mot *amicale* est un beau mot, mais *il évoque surtout l'idée* de gens qui s'unissent pour confirmer par des fêtes, par des banquets, leur cordiale entente, pour fonder des sociétés d'assistance mutuelle ; il ne marque pas l'objet essentiel de l'association qui est l'intérêt professionnel et corporatif. Dégagé du sens agressif qu'on s'obstine parfois à lui donner, le mot syndicat dit avec franchise ce qu'il veut dire. Le syndicat est une association que forment entre eux les membres d'une corporation pour défendre leurs intérêts, améliorer leur situation, faire respecter leurs droits, étudier en commun et discuter toutes les questions techniques qui concernent leur travail ».

De son côté, dans son étude sur les *Syndicats de fonctionnaires*, M. J. Paul-Boncour, avocat à la Cour d'appel, fait observer que « l'employé » d'État a été plus long (que l'ouvrier d'usine) à s'apercevoir du parti qu'il pouvait aussi tirer de l'organisation syndicale. La facilité des recommandations, le favoritisme et l'arbitraire, les vices contre lesquels il s'élève aujourd'hui, lui dérobèrent longtemps la réalité de sa sujétion. A quoi bon s'associer, attirer sur soi les foudres de l'autorité, quand en restant bien avec les personnalités politiques influentes on pouvait obtenir avancement et gratification ? »

A son tour, M. Raoul Jay, professeur à la Faculté de Droit, dans une lettre qu'il adressait, il y a quelques mois, à la *Revue populaire d'Économie sociale*, pour résumer son opinion sur la question des syndicats de fonctionnaires, et l'envisageant au point de vue législatif, formulait utilement l'avis suivant, d'une manière vraiment précise, et on ne peut plus propre à mettre les choses au point :

« Je ne vois, aujourd'hui, aucune raison décisive pour ne pas permettre aux fonctionnaires de se servir de la loi de 1884 comme de celle de 1901. A certains égards importants, la liberté d'action du syndicat est moindre que celle de l'association. Le syndicat ne doit pas sortir du cercle des intérêts professionnels, ne peut pas notamment faire de politique.

« Il me paraît d'ailleurs que réglementations disciplinaires et législations pénales générales devraient suffire à réprimer toute violation collective et individuelle des obligations assumées par les fonctionnaires. »

Et pour en finir sur cette question, nous conclurons avec M. J.-Paul Boncour (*loc. cit.*) :

« Si d'ailleurs on admet que la loi de 1901 donne aux fonctionnaires de toutes catégories la possibilité de fonder, de développer et de fédérer entre elles des groupements nettement corporatifs, au même titre, avec les mêmes droits et sous les mêmes limites que les ouvriers et les employés de l'industrie privée, pourquoi leur contester le bénéfice de la loi de 1884.

« S'il n'y a pas de différences sérieuses entre les résultats des deux lois, pourquoi ne pas en laisser le choix aux intéressés eux-mêmes ?

« S'il y en a, c'est que la loi de 1884 ouvre au groupement professionnel des fonctionnaires des possibilités que ne leur permet pas d'atteindre la loi de 1901 et règle définitivement la forme des rapports qui existeront désormais entre eux et les pouvoirs publics. »

On ne saurait mieux dire, et rien n'est plus conforme à la nécessité d'une identique situation légale de tous les citoyens; mais nous n'en sommes pas encore arrivés au point de pouvoir mettre nos actes *politiques* d'accord avec nos conceptions *logiques* et *morales*.

Il faut donc nous résigner à séparer du sort commun cette grande masse d'employés que l'État commande, et auxquels il « octroie » des statuts de garantie, dont beaucoup, ouvertement ou *in petto*, pensent qu'il n'y faut voir qu'un bon billet.

« Lorsque j'étais député, écrivait M. Henry Maret, en décembre 1907, dans la *République française* », et que j'exerçais mon métier le plus proprement possible, ce métier consistant, comme nul ne l'ignore, à se rendre le matin chez les ministres pour leur demander des places et des augmentations, il n'était pas rare qu'on me présentât de grands imprimés, les uns relatifs aux percepteurs, les autres aux administrations centrales, les autres à d'autres fonctions, imprimés desquels il résultait que les avancements avaient été réglementés par le Conseil d'État et que rien ne pouvait prévaloir contre les décisions de cette haute assemblée.

« Il y avait donc déjà à cette époque un statut de fonctionnaires. On n'en tenait d'ailleurs qu'un compte relatif et il ne servait que de prétexte à ne pas faire les choses qu'on ne voulait pas faire pour une tout autre raison. Quant à celles qu'on voulait faire, on les faisait tout de même.

« C'est en quoi d'ailleurs ce statut ressemblait à

tous les règlements qui n'obligent que lorsqu'on n'a aucun intérêt à ne pas les appliquer. »

Sans donner trop d'importance à des boutades dont le principal objet est de plaire à une certaine clientèle frondeuse, il faut bien se dire que les hommes ne peuvent pas échapper à l'influence de leur milieu, et que celui-ci, pour le cas qui nous occupe, est vraiment favorable à l'arbitraire et au favoritisme.

On conçoit dès lors et les vives déceptions et les constantes inquiétudes du personnel administratif, qui voit ses chances de mieux-être et ses risques professionnels à ce point dépendre de sournois et intéressés caprices. On aimerait pourtant à supposer que de bons travailleurs, utiles serviteurs de la collectivité, seraient là, plus que partout ailleurs, entourés de réelles garanties, dotés de sérieux, équitables et réguliers encouragements, rassurés par de souriantes perspectives; mais on ne peut se faire illusion quand on se souvient que, *même au centre* de l'administration nationale, la situation est devenue telle que les employés des ministères, formés en Union, en sont venus à réclamer un règlement déterminant, d'une manière uniforme, les conditions de recrutement, d'avancement, de discipline et de traitement.

Qu'on donne ou non aux fonctionnaires de toute catégorie le plus heureusement élaboré des statuts, il en sera de cet instrument comme de tous nos moyens d'action, et il faut répéter : tant vaut l'homme, tant vaut la chose. Or, que peut valoir l'homme qui n'est pas *libre* de se concerter efficacement, sous une responsabilité déterminée, avec ses égaux?

Il est vrai que, par compensation, selon l'opinion assez commune, il est tels ou tels de ces fonctionnaires dont les services, et même les heures de présence, sont tout ce qu'il y a de plus problématique, et que les abus sont criants, pour nombre de privilégiés, en prétendu service.

S'il en est vraiment ainsi, il y aurait lieu sans doute d'ajouter un autre chapitre au statut des fonctionnaires, afin qu'il demeure pour tous entendu que les fonctionnaires ont des fonctions utiles et suffisantes à remplir et qu'ils les remplissent.

Ce chapitre-là, bien rédigé et bien appliqué, serait peut-être la meilleure barrière à opposer aux *intrus*, mais plairait-il même à ceux qu'il défendrait? On peut en douter pour bon nombre d'intéressés, tandis qu'il serait certainement bien accueilli par tous ceux qui sont vraiment intéressants.

CHAPITRE V

Autres situations anormales

Justiciables des tribunaux de commerce et jugés par leurs patrons, exclusivement, dans leurs conflits éventuels avec eux, les employés pouvaient à bon droit considérer cette situation comme anormale.

Le procédé le plus simple et le plus facilement applicable à ces sortes de conflits est tout bonnement l'arbitrage. Le patron nomme un arbitre, le salarié en désigne un autre, et tout deux, l'arbitre-patron et l'arbitre-salarié, s'entendent pour faire choix d'un tiers arbitre ayant leur commune confiance. Un compromis réglant la procédure de l'opération et la sanction de la loi accordée à la sentence, en voilà assez pour donner à tous une légitime et prompte satisfaction.

Ce serait évidemment trop simple. Et puis, nous n'avons pas le goût, ni l'habitude, de faire ainsi nous-mêmes nos affaires.

On aurait compris encore que, justiciables des tribunaux de commerce, les employés fissent campagne pour obtenir l'électorat et l'éligibilité consulaires. Cette solution eût été de grande importance, et très favorable à l'expansion commerciale de notre pays, par l'action qu'elle aurait eue, notamment sur les Chambres de commerce de nos entrepôts. Vainement, il y a nombre d'années, nous l'avons recommandée autour de nous, parmi les plus agissants employés de nous connus, et auprès de négociants à l'esprit large et vigoureux, mais c'était trop logique et trop hardi tout à la fois. Songez aussi que le groupement systématique, légal, des employés aurait été extrêmement nombreux, compact, et peut-être trop remarquablement dirigé et ordonné.

Une saine conception des principes de justice pouvait justifier alors le recours à la juridiction la plus simple, la plus prompte et la moins coûteuse, en confiant exclusivement aux juges de paix et aux tribunaux civils et sans frais, l'instruction et le jugement de ces conflits, mais cette solution, un moment proposée et demandée, n'a pu entraîner l'opinion de la masse des intéressés.

On a réclamé à cor et à cris la juridiction prud'homale, et pendant des années la campagne a été menée avec persévérance. Cette juridiction, provisoirement d'exception, a été seule aperçue comme offrant le salut aux employés, et la loi du 27 mars 1907 leur a donné satisfaction. C'est du moins ce que l'on devrait croire. Cependant le contentement des employés n'est pas très vif. La loi dépend, dans son application, des décrets d'institution. Elle soumet à la prud'homie les employés et ouvriers des mêmes professions. Elle n'y soumet pas toutes les professions. Son application a donc des caractères locaux et circonstanciels. Cela ne va pas sans inconvénients.

« La nouvelle loi, comme le dit très bien M. A. Patin dans ses remarquables articles du *Réveil des employés,* fait disparaître tous les anciens textes qui régissaient jusqu'alors les Conseils de prud'hommes, et ils étaient nombreux : on modifiait, on ajoutait, mais toutes ces modifications, toutes ces adjonctions ne roulaient que sur des questions secondaires, elles laissaient presque intacts les principes fondamentaux des vieilles lois de 1806 et 1853, pour ne parler que de celles qui ont inspiré les législateurs de 1907.

L'article 1er de la loi du 27 mars 1907 étend enfin aux employés les bénéfices des prud'hommes, mais il ne faut pas croire que, de ce fait, les employés sont dès maintenant électeurs et éligibles aux dits conseils ; c'eût été beaucoup trop simple, et dame ! la réputation de nos lois incomplètes et incompréhensibles exigeait qu'il en fût de même cette fois.

« L'article 3 dit en effet ceci : « Le décret d'institution détermine le ressort du Conseil, le nombre des catégories dans lesquelles sont répartis les commerces et les industries soumis à sa juridiction. »

« De sorte que ne peuvent être inscrits actuellement sur les listes électorales que les employés appartenant aux professions qui sont actuellement justiciables des prud'hommes. Ainsi, par exemple, à Rouen, un décret de 1854 institue en cette ville une section prud'homale pour les ouvriers appartenant à l'industrie du tissage et de la filature du coton, aux corporations du bâtiment, etc. Depuis la promulgation de la nouvelle loi, les employés appartenant à ces catégories peuvent être inscrits sur les listes électorales (comptables, employés de bureau, employés de dehors, représentants et voyageurs des deux sexes). Les commerces et industries se rapprochant tant soit peu des professions visées, sont impitoyablement exclus : si dans une ville, par exemple, les ouvriers de distilleries d'alcool ou de liquoristes sont soumis à la juridiction prud'homale, les employés de ces catégories en sont bénéficiaires ; par contre, les employés de marchands de vins en gros ou d'entrepositaires, qui vendent pourtant les produits fabriqués par ces industries, n'en peuvent profiter. »

Ces inconvénients sont passagers et les décrets d'institution nécessaires finiront bien par être rendus. On voit assez cependant que, pour ce qui concerne les employés, la loi en question, tant réclamée, aura plus d'un fâcheux résultat, tel celui de décapiter les corporations d'employés, en renvoyant devant les tribunaux ordinaires les différends dont le chiffre de demande excède mille francs (art. 32), limitation qui n'a pas lieu pour les conflits entre les ouvriers et leurs patrons.

Nous aimons les complications et il nous plaît de prendre les choses par le côté le plus difficile. On doit tout craindre aussi, quand on s'efforce de tout prévoir et de tout régler, quand par des dispositions générales, on veut d'avance diriger des cas particuliers.

Une étude spéciale sur cette question de la prud'homie serait nécessaire pour apprécier complètement le régime institué par la nouvelle loi. Il faut nous borner ici à faire sentir les défiances dont les intéressés sont encore l'objet, et ce qu'il y a d'anormal dans la position qui leur est faite. Dans cet ordre d'idées, notons en passant, par exemple, d'après le *Ralliement des employés*, du 1er juin 1907, que la Chambre syndicale des femmes sténographes et sténodactylographes, réunie à Paris en assemblée générale le 14 mai 1907, à son siège social, à la Bourse du travail, rue Jean-Jacques Rousseau, a décidé à l'unanimité de ne pas prendre part aux élections aux Conseils de prud'hommes tant que les femmes ne feront pas partie de ces Conseils.

Les motifs indiqués pour justifier cette décision soulignent assez le caractère arbitraire de l'exclusion dont les femmes ont été l'objet en cette circonstance, et il convient encore d'en garder mémoire. Ce vote, dit le *Ralliement des Employés*, est basé sur les raisons suivantes :

« L'électorat et l'éligibilité des femmes aux conseils de prud'hommes ont été votés à l'unanimité par les Congrès de 1903, 1904, 1905, 1906 de la Fédération Nationale des Syndicats d'Employés, congrès auxquels, cependant, ne prenait part qu'une déléguée femme.

« Les femmes ont donné assez de preuves de leur compétence en ce qui concerne les questions de travail, tant dans les syndicats exclusivement féminins et les syndicats mixtes, qu'au Conseil supérieur du Travail, où cependant la représentation féminine est insuffisamment nombreuse pour qu'il ne soit pas nécessaire de leur faire franchir l'étape de l'électorat avant de leur accorder l'éligibilité.

« Lorsqu'on a institué le suffrage dit « universel », les hommes, quel que soit leur degré d'instruction et d'éducation civique, n'ont pas eu d'abord le seul électorat, car pour qui alors auraient-ils voté? Ils se sont donc considérés, tout d'un coup, comme étant aptes à être non seulement électeurs, mais élus.

« Cette conception, qu'il faut accorder aux femmes d'abord le droit de voter pour un homme, est une nouvelle injustice commise à leur égard; cela laisse supposer que la femme a le cerveau plus lent que l'homme et, en outre, qu'elle n'a pas autant que lui le souci des devoirs assumés par celui qui a obtenu la confiance de ses camarades, injustice particulièrement criante, encore une fois, en ce qui concerne les travailleuses, qui donnent tous les jours dans leurs syndicats des preuves de leur intelligence et de leur dévouement.

« L'abstention étant, pour les femmes, le seul moyen de manifester leur mécontentement, les femmes sténographes et sténo-dactylographes ne voteront pas tant qu'elles ne seront pas éligibles, et elles souhaitent vivement que leur exemple soit suivi par leurs camarades des autres syndicats féminins. »

Quelle que soit l'opinion que l'on puisse nourrir à l'égard du rôle des femmes dans la vie sociale, il est pour nous d'élémentaire justice de les traiter *au moins* aussi bien que les hommes, pour tout ce qui concerne leur activité *économique*, et il nous paraît vraiment anormal de les tenir encore, en ce domaine, dans une dépendance à la fois déprimante et offensante. Il n'est d'ailleurs pas exempt de ridicule de prétendre les tenir en cette tutelle, alors qu'on les abandonne de plus en plus à toutes les rigueurs de leur destinée, en nombre de cas, comme le constate trop éloquemment la statistique de la nuptialité, ou comme il ressort lamentablement de l'augmentation du coût de la vie, quand on en rapproche le sort réservé aux veuves ayant charge d'enfants.

Cette considération des charges qui incombent à la femme heurte directement le préjugé erroné, qui prétend que la femme a moins de besoins que l'homme, alors qu'elle est naturellement la base de toute famille, et qu'autour d'elle se groupent spontanément les enfants et les vieux, c'est-à-dire l'ensemble des charges les plus sacrées de la famille.

La vérité est que la femme pauvre, à force de résignation, de privations, d'énergie silencieuse, de réserve, d'effacement et d'ingéniosité pratique, s'accommode quand même des dures conditions d'existence imposées par les mœurs, les traditions, l'avidité, et généralement l'égoïsme conscient ou inconscient du milieu social. La femme peut beaucoup souffrir sans mourir. Cette observation, que chacun est à même de répéter pratiquement à tout instant, fait bon marché également d'un autre préjugé, qui dénie à la femme une activité qu'elle prouve pourtant, hélas, par des journées effrayamment longues d'assiduité industrieuse et courageuse !

S'il est des cas assez nombreux où la jeune fille, parce que jeune fille encore, parce qu'elle attend de la vie ce qu'elle en devrait normalement recevoir — la charge du foyer rêvé — ne peut pleinement répondre à certaines obligations de travail, combien d'hommes, pour des raisons infiniment moins utiles, répondent mal à la confiance que l'on met en eux, au point de vue du travail !

Il n'en demeure pas moins établi que le travail des deux sexes n'est pas également traité, en ce qui concerne les salaires, et que la formule « à travail égal, salaire égal », ne trouve guère son application dès que l'on fait entrer en concurrence le travail de la femme, celui-ci étant généralement plus mal payé que le travail masculin, pour des raisons profondes et anciennes, que le mouvement des idées tend peu à peu à redresser en quelques cas particuliers et généralement pour peu de temps.

Le régime de souffreteuse enfance morale, qui domine habituellement la vie des pauvres, les porte tout naturellement à ne concevoir de remède à leur situation malheureuse que dans le recours à l'État. Celui-ci, qui fut longtemps le représentant et l'agent des riches n'a, se dit-on, qu'à faire pour les pauvres ce qu'il a fait jusqu'ici pour les riches, et les maux dont on souffre s'évanouiront. On oublie que s'il est relativement facile et pas trop coûteux, avec un personnel pas trop nombreux, de réglementer une situation constituant privilège pour une minorité, le contraire suppose pour sa réalisation de véritables impossibilités.

Il serait plus simple de parvenir à une éducation morale suffisante, qui permettrait, par l'association, de concerter de libres conventions, où leur nombre mettrait les pauvres à l'abri de toute tyrannie et de tout arbitraire. Cette manière de concevoir la solution des questions ouvrières ne peut encore trouver un nombreux public sympathique, et c'est sous la forme de privilèges particuliers que l'on revendique des libertés.

C'est ainsi que dans la question des salaires, comme dans toutes les autres où le sort des classes pauvres est en jeu, on s'efforce de faire intervenir la loi pour retourner les privilèges contre ceux qui jusqu'alors en ont bénéficié. A des situations anormales en un sens, on prétend remédier par d'autres situations anormales en sens contraire. La loi joue dans la plupart des esprits le rôle directeur de l'ancienne foi. C'est peut-être par ce couloir qu'il nous faut passer pour arriver à un régime de vraie liberté et de réelle émancipation.

Il est d'ailleurs remarquable que l'idée même du salaire n'a pas cessé d'être confuse et variable, selon les circonstances et les opportunités, voire même les philosophies en cause dans les luttes de chaque jour, le salaire étant tantôt le loyer du service rendu, tantôt le prix forfaitaire d'obligations convenues, tantôt la juste récompense d'une peine, tantôt l'indemnité nécessaire à l'entretien du travailleur et de sa famille, tantôt la légitime part ouvrière d'une propriété créée par son association avec l'épargne et le savoir technique, etc. ; et l'on oppose les unes aux autres les formules idéales disant : l'une, « à chacun selon ses œuvres » ; l'autre, « à chacun selon ses besoins » ; une autre, « à chacun selon son mérite » ; une autre encore, « à chacun selon ses forces », et ainsi de

7

suite, suivant les caprices plus ou moins heureux et sagaces d'une scolastique nouvelle, qui ne paraît pas près d'avoir épuisé ses ressources inventives.

Dans les vœux relatifs aux salaires, présentés au congrès tenu à Dijon, en août 1906, par la Fédération Nationale des Syndicats d'Employés, l'initiative du Syndicat des Employés de Montpellier renouvelait la demande d'une loi prescrivant la suppression des amendes; l'initiative du Syndicat des Employés de Commerce d'Avignon réclamait le vote d'une loi ordonnant, qu'à l'avenir, les propriétaires ou directeurs de maisons de commerce seraient tenus de donner des *appointements fixes, raisonnables*, à tous leurs employés des deux sexes, en supprimant toute *guelte* ou *intérêt* quelconque; et l'initiative du Syndicat du Havre demandait d'urgence le vote d'une loi qui, en cas de disparition d'un magasin ou établissement quelconque, due, soit aux mauvaises affaires, à la faillite ou à la mortalité, accorde aux employés des deux sexes la priorité sur le privilège accordé aux propriétaires.

Nous aurions préféré la suppression de tous privilèges quelconques, mais l'heure n'est pas encore venue d'une nouvelle nuit du 4 août. Nous ne sommes pas encore majeurs.

Certes, tous ces vœux et d'autres analogues, ou de même ordre, peuvent être appuyés de très honorables motifs; mais, quelque bonnes que soient les raisons qui les soutiennent, leur réalisation ne peut que confirmer et développer le gâchis social où nous nous débattons, en prolongeant, par des expériences nouvelles, l'état de confusion et de complication qui interdit une nette et facile compréhension de la vie sociale et de l'organisation politique et économique.

L'observation sociale, par chacune de ces innovations, ne peut être que profondément troublée, toute statistique en est faussée, et les lois empiriques du mouvement matériel des sociétés, déjà si difficiles à approcher, reculeraient indéfiniment devant nous. Chacune de ces mesures que l'on préconise a immédiatement pour effet de détruire tout le fruit des observations recueillies sous le régime auquel on met fin, par un régime non moins arbitraire, et les nouvelles réactions et répercussions peuvent avoir des inconvénients plus graves que les maux auxquels on veut porter remède par les voies *d'autorité*.

Depuis de longues années, de congrès en congrès, ces vœux retiennent l'attention des employés. En 1900, au congrès de la Fédération des Employés de France, tenu à Paris, au Musée Social, une sorte de révision particulière des articles 2101 du Code Civil et des articles 549 et 551 du Code de Commerce était faite de la façon suivante :

« Considérant qu'il est indispensable, pour que notre législation repose sur les bases solides de l'équité et de l'égalité, que des modifications soient faites en faveur de tous les travailleurs en général, et de l'employé en particulier, puisque c'est le plus délaissé ;

« Le Congrès émet le vœu que les créances constituées par les salaires des employés, ouvriers, gens de service, nourrices, etc., en un mot des salariés des deux sexes de toutes catégories jouissent d'un privilège spécial, par préférence à tous autres, sauf celui de l'Etat, et que le paiement de ces salaires ait lieu par provision et d'urgence sur les premiers fonds disponibles de la faillite ou de la liquidation judiciaire. »

Il y aurait tout un volume à écrire sur la question des salaires des employés, notamment pour apprécier les variations et les singularités de la jurisprudence. Il nous faut donc renoncer à en détailler les nombreux problèmes et les solutions particulières, parfois étonnantes, qu'ils ont reçues. Il en est d'ailleurs forcément de même pour nombre de questions intéressant les employés, mais il suffit à notre objet de montrer que l'intervention de la loi n'a pas nécessairement pour effet d'écarter les situations anormales.

N'avons-nous pas vu, par exemple, en 1893, le tribunal de Commerce de Saint-Étienne décider qu'un employé intéressé, quittant volontairement, avant la clôture annuelle de l'exercice commercial, la maison dont il était le collaborateur, n'a droit à *aucune part* proportionnelle dans les bénéfices !

N'avons-nous pas vu, également en 1893, le tribunal civil de la Seine, déclarer que l'on peut congédier, même sans motifs sérieux et sans indemnité, un employé qui n'est pas engagé pour un temps déterminé, quand il n'y a pas usage ou convention spéciale engageant l'employeur !

La même année, le 17 juin, le même tribunal disait que dans un litige entre un commis et son patron, à propos de salaire, le juge de paix qui avait donné gain de cause au premier était incompétent. Les attendus de ce jugement étaient on ne peut plus caractéristiques, en face de l'article 5 de la loi du 25 mai 1838 sur les Justices de paix, où il était dit que les juges de paix, sans appel jusqu'à la valeur de cent francs, et à charge d'appel à quelque valeur que la demande puisse s'élever, connaissent des contestations relatives aux engagements respectifs des gens de travail au jour, au mois et à l'année, et de ceux qui les emploient. L'article premier de la même loi leur accordait aussi connaissance, aux mêmes taux de dernier ressort et d'appel, de toutes actions purement personnelles et mobilières.

S'appuyant exclusivement sur les articles 631 et 634 du Code de Commerce qui attribuent aux Tribunaux de Commerce, le premier, la connaissance des contestations relatives aux actes de commerce entre toutes personnes, et le second, celle des actions contre les facteurs, commis des marchands ou leurs serviteurs, pour le fait seulement du trafic du marchand auquel ils sont attachés, le tribunal justifiait comme suit sa très intéressante décision :

« Attendu que la contestation pendante entre les parties a pour objet le paiement des salaires dûs par un commerçant à son employé ;

« Attendu que l'action née des engagements respectifs des commerçants et de leurs commis est, aux termes de l'article 634 du Code de Commerce, une action commerciale, tout au moins au regard des commerçants ; qu'elle doit être également considérée comme commerciale, en vertu de l'article 631 du même Code, à l'égard des commis et employés qui ne louent leurs services qu'à l'effet de concourir aux ventes et achats effectués par les patrons, et de coopérer ainsi à des actes de commerce; que cette action n'est point de celles que l'article 5 de la loi du 25 mai 1838 soumet à la juridiction du tribunal de paix; mais qu'il résulte incontestablement des travaux préparatoires de la loi et d'une jurisprudence constante, que les mêmes motifs qui rendent inapplicable aux commis ou employés de commerce l'article de la loi précitée, ne permettent pas davantage de leur appliquer l'article premier de la même loi, ces motifs étant principalement fondés sur le caractère commercial du contrat intervenu entre les employés et leurs patrons et sur l'exclusion, en cette matière, des règles qui concernent le louage d'ouvrage en matière civile ;

« Attendu que s'il en était autrement, on aboutirait à cette conséquence illogique et choquante, que le même fait juridique intervenu entre les mêmes parties et dans les mêmes conditions, devrait être apprécié par deux juridictions différentes, suivant que l'une ou l'autre des parties aurait pris l'initiative de l'instance ;

« Attendu que les partisans de la théorie suivie par le jugement dont est appel reculent eux-mêmes devant cette conséquence nécessaire de leur système et consentent à admettre que l'action des employés est mixte, c'est-à-dire commerciale ou civile au gré des demandeurs ;

« Mais attendu que cette conception est la condamnation évidente du système dont il s'agit, qu'on ne comprendrait pas, en effet, comment l'action des employés, si elle était réellement fondée sur un contrat civil, pourrait devenir commerciale par le seul fait de la volonté des demandeurs ;

« Attendu, au surplus, que la bonne administration de la justice est intéressée à ce que le choix des juridictions ne demeure pas incertain et variable suivant les préférences des justiciables ; qu'il doit émaner de la loi et qu'en principe, les mêmes causes entre mêmes parties doivent être soumises aux mêmes juges. »

Ce jugement faisait un exposé doctrinal auquel se ralliait généralement la jurisprudence, et nous ne pouvions mieux faire que de l'emprunter au *Recueil havrais des Employés de Bureau* qui l'a publié dans son numéro d'octobre 1893. Cependant il est bon d'en rapprocher un arrêt de la Cour de Cassation rendu le 23 octobre 1901 et qui déclare exactement le contraire. Nous le trouvons dans le *Recueil de Jurisprudence commerciale et maritime du Havre*, fondé en 1855 par M. Guerrand, avocat, et continué depuis lors successivement par MM. Karl Guerrand, Le Minihy de la Villehervé, Begouen Demeaux et A. Levarey.

Voici ce qu'il ressort de l'arrêt en question :

« Si l'article 634 du Code de Commerce attribue compétence aux Tribunaux de Commerce pour connaître des actions contre les commis des marchands, il n'en résulte pas que des actions intentées par des commis contre leurs patrons puissent être portées devant la juridiction civile.

« Le contrat qui lie le commis d'un marchand à son patron est purement civil au regard du commis qui n'est pas commerçant et ne fait pas acte de commerce.

« Et le commis qui intente une action en paiement de salaires contre un commerçant a le droit d'opter entre la juridiction consulaire, compétente par l'application de l'article 631 du Code de Commerce et la juridiction civile, dont le commerçant n'est pas davantage fondé à décliner la compétence.

« Si la somme demandée est inférieure à 200 francs, le juge de paix est compétent pour en connaître en vertu de la disposition générale de l'article premier de la loi du 25 mai 1838. »

Cette opposition de doctrine et de jurisprudence est manifestement propre à démontrer tout ce qu'il y a d'anormal, au point de vue des salaires, dans cette situation juridique de l'employé, et nous croyons qu'elle persistera encore, même lorsque auront été rendus pour les employés tous les décrets d'institution que prévoit la nouvelle loi sur les prud'hommes.

Les quelques exemples et observations typiques que nous présentons suffisent à notre objet. Leur exposé fait assez voir la nécessité de mettre de l'ordre dans nos arrangements, et quels services d'éducation et d'organisation les associations d'employés sont appelées à rendre à leurs adhérents, pour peu que ceux-ci entendent largement leurs vrais intérêts communs et particuliers. Les vœux qu'ils répètent inlassablement expriment bien les misères qui les écrasent, et si la solution préférée ou obtenue n'est pas toujours la meilleure, il n'en demeure pas moins qu'il est nécessaire de poser des problèmes si urgents, et, fût-ce par des solutions de fortune, de les faire aboutir. Il n'est pas moins désirable que les solutions proposées répondent bien aux questions à résoudre, et c'est pour cela même que des études vraiment élevées et complètes doivent de plus en plus retenir l'attention des intéressés.

C'est surtout dans la question des règlements de salaires qu'il importe de fixer les idées et les arrangements, en en faisant autant que possible un moyen d'amélioration individuelle et collective. Il y a beaucoup à faire dans cette voie.

Ainsi il importe d'éviter tout ce qui déprime l'homme, et lorsque celui-ci n'est pas complètement inutilisable, il est de beaucoup préférable de nourrir chez lui le sens de la responsabilité par une participation aux profits, plutôt que de le décourager et de l'aigrir par des pénalités, des amendes, des retenues, des mises à pied temporaires, dont l'effet est des plus fâcheux sur le moral et l'activité du travailleur. Le système des primes d'encouragement, à tout le moins, devrait être substitué à ces diverses pénalités, et c'est ce que le patronat doit considérer de près avec sympathie, dans l'intérêt de tous et de la bonne marche des choses.

Dans ces questions du salaire, comme dans toutes les autres, ce n'est pas toujours le fond qui est à réformer, c'est souvent la forme. Il y a la manière, et suivant le dicton, si pratique et de si net bon sens, « ce qui vaut la peine d'être fait, vaut la peine d'être bien fait ». C'est aussi vrai, sinon plus vrai, pour les chefs que pour les subordonnés, et l'aspect moral des problèmes ouvriers est d'une importance capitale qu'un vrai chef sait ne point méconnaître. C'est pour cela qu'entre autres choses, nous avons pu soutenir, il y a de cela longtemps, et non inutilement, pensons-nous, que les *égards* dûs à de dignes travailleurs sont un élément du salaire qui leur revient. Mais d'habiles grimaces ne sauraient, naturellement, prendre la place des sincères et cordiaux égards dont nous parlons, et qui ne peuvent exister que là où peut exister une confiance et une estime réciproques, entre employeurs et employés.

Cette réflexion nous conduit à nous arrêter un instant sur un point très délicat, et très difficile à discuter, de la situation faite à beaucoup d'employés.

Dépositaires de la confiance de leurs supérieurs et appelés par leurs fonctions à voir et à soupçonner, malgré eux, nombre de situations et d'actes que la guerre économique incessante exige, et qui, s'ils sont habituels, regardés comme irrépréhensibles, nécessaires ou de bonne guerre, n'en sont pas moins souvent en désaccord formel avec l'altruisme le plus élémentaire, ou les catéchismes les moins quintessenciés, de tels employés se trouvent placés dans l'anormale position de devoir quotidiennement concourir à l'accomplissement d'œuvres que leur conscience désapprouve plus ou moins énergiquement. Il suffit d'avoir un peu vécu et circulé dans ces milieux, pour être à même d'apprécier ce qu'il y a de désolant dans cette démoralisation d'un personnel désintéressé, qui ne peut guère être plus sensible, pratiquement, aux conséquences de ces procédés, trop généralisés, que ne l'est habituellement le commun des mortels au spectacle des roueries et des crimes de la plus révoltante politique. Ce sont là jeux de princes.

Il nous souvient d'avoir lu, au sortir de l'enfance, dans le journal *l'Ouvrier*, une histoire édifiante qui nous frappa. C'était celle d'un comptable d'une grande fabrique de chaussures, qui renonça à son emploi pour ne pas froisser sa conscience de chrétien (comme il n'y en a plus guère assurément), en s'associant, même passivement, aux actes plus ou moins indélicats de ses patrons. Ceux-ci ayant deviné les motifs de sa retraite, s'arrangèrent pour lui rendre impossible l'obtention d'un emploi analogue à celui qu'il quittait. Après une série d'épreuves et de luttes toujours plus pénibles, notre comptable finit par se faire savetier.

Que de fois nous avons eu cet exemple, plus ou moins légendaire, en la pensée ! Que de fois, en causant avec des professionnels de tout ordre et de tous lieux, en observant ou devinant les nécessités de la lutte économique, industrielle, commerciale ou financière, nous avons pu nous dire qu'un tel exemple, s'il pouvait être suivi, peuplerait de savetiers tout un pays !

Dans son impressionnant *Jardin des Supplices*, M. Octave Mirbeau fait tenir à son lamentable héros le langage que voici :

« Je suis né en province d'une famille de la petite bourgeoisie, de cette brave petite bourgeoisie, économe et vertueuse, dont on nous apprend, dans les discours officiels, qu'elle est la vraie France... Eh bien! je n'en suis pas plus fier pour cela.

« Mon père était un marchand de grains. C'était un homme très rude, mal dégrossi et qui s'entendait aux affaires merveilleusement. Il avait la réputation d'y être fort habile, et sa grande habileté consistait à « mettre les gens dedans », comme il disait. Tromper sur la qualité de la marchandise et sur le poids, faire payer deux francs ce qui lui coûtait deux sous, et, quand il le pouvait, sans trop d'esclandre, le faire payer deux fois, tels étaient ses principes. Il ne livrait jamais, par exemple, de l'avoine, qu'il ne l'eût au préalable trempée d'eau. De la sorte, les grains gonflés rendaient le double au litre et au kilo, surtout quand ils étaient additionnés de menu gravier, opération que mon père pratiquait toujours en conscience. Il savait répartir judicieusement, dans les sacs, les grains de nielle et les autres semences vénéneuses, rejetées par les voisinages, et personne mieux que lui ne dissimulait les farines fermentées, parmi les fraîches. Car il ne faut rien perdre dans le commerce et tout y fait poids. Ma mère, plus âpre encore aux mauvais gains, l'aidait de ses ingéniosités déprédatrices, et, raide, méfiante, tenait la caisse, comme on monte la garde devant l'ennemi. »

Ce personnage de roman, si outré qu'on le suppose, dit simplement, en un raccourci intense, en quelques lignes, la substance des milliers et des milliers de confidences, d'exultations et d'accusations qui, à toute heure du jour, nourrissent les conversations, plus ou moins vécues, des gens d'affaires de toute catégorie, dans une multitude de cas. Ce n'est que banalité courante, hélas, que toute cette tromperie ! On dirait qu'à l'ancienne hardiesse militaire du coup de main, qui faisait triompher les politiques, s'est substituée dans notre administration des choses, ou imposée à notre veulerie, la hardiesse rusée d'un monde économique et social, qui fait surgir et tourbillonner, incessamment, dans ses remous et ses coups de théâtre, arrivistes, arrivés, parvenus, déclassés, déchus, ruinés et écrasés.

Que de savetiers dans un tel monde, si le comptable cité par *l'Ouvrier* pouvait faire exemple !

Mais sans aller à aucun extrême, il est aisé de remarquer nombre de situations anormales, qui n'ont ce caractère que grâce à l'inévitable retard de la législation sur le fiévreux mouvement des affaires. A vouloir légiférer sur tout, on arrive à ce résultat que la nature des choses ne permet même plus de tenter la mise au point des lois surannées. Il faudrait là ce qu'il est encore impossible de créer : une sorte d'accord automatique et constant entre les lois et les mille et mille combinaisons d'affaires dont le mouvement économique et social exige tous les jours la formation et l'emploi.

Que peuvent devenir, dans ces conditions, les anciennes formules légales ? Simplement ceci — pour employer une variante d'un mot célèbre : — une toile d'araignée pour les audacieux et les forts, une barrière pour les timorés et les faibles !

La morale n'y peut plus grand'chose, et nous nous souvenons de l'accent désolé qu'avait un vieux négo ciant lorsque, songeant aux obligations édictées par le Code, il s'écriait : « Et pourtant le commissionnaire n'existe plus, ce n'est plus qu'un mythe ! »

C'est possible, mais le point est de savoir quand il y a lieu de s'arrêter à la lettre des lois, et quand il faut admettre qu'elles entrent en désuétude. Mettez un employé dans cette situation embarrassante, au milieu du silence intéressé de tous et, forcément, il suivra, comme le soldat suit ses chefs, et c'est sur ceux-ci, qui ont l'option d'agir ou de n'agir pas, que doit retomber, en bonne justice, toute responsabilité littérale. Et, en pure morale, *eux aussi*, auraient droit de se considérer comme injustement traités, puisque les exagérations et les férocités de la concurrence ne leur laissent guère que l'alternative de ruiner ceux qui leur font confiance, ceux qui leur donnent crédit, ou de tromper à petits coups, indéfiniment répétés, leur clientèle qui ne l'ignore pas et agit de même.

Il n'est pas inutile de s'arrêter ainsi sur ces situations anormales, en songeant au sort des employés. De temps à autre, de pénibles surprises sont réservées à tels ou tels d'entre eux. Un exemple terrible en a été fourni, notamment l'an dernier, à l'occasion d'une stricte application des règlements de douane. C'est à propos de cet exemple, où la plus complète bonne foi ne faisait cependant doute pour personne que, sur la proposition du délégué du *Cercle d'Études des Employés de bureau havrais*, M. A. Letellier, le Congrès de la *Fédération des Employés de France*, réuni à Lyon en août 1907 :

« Considérant qu'il est équitable que l'employé, mandataire de son patron, ne puisse être personnellement condamné pour les actes de son emploi qu'il a accomplis de bonne foi et sans qu'il soit tenu compte ni des intentions, ni des circonstances,

Emettait le vœu :

« Qu'en cas de fausse déclaration en douane, le patron soit seul mis en cause, s'il ne peut prouver la mauvaise foi de son employé ;

« Que les règles de droit commun soient applicables en la matière, c'est-à-dire que les tribunaux puissent juger les prévenus sur l'intention et les acquitter, s'il y a lieu, contrairement à l'interdiction formulée par la loi du 9 floréal an VII, ainsi libellée :

« Il est expressément défendu aux juges d'excuser les contrevenants sur l'intention :

« Déclare, en outre, se refuser absolument à considérer comme un argument en faveur du maintien de cette loi, le fait que la douane se réserve d'atténuer, par voie de transaction, les rigueurs des jugements prononcés. »

On ne saurait mieux dire et mieux souligner tout ce qu'a d'anormal, d'arbitraire et de draconien, une telle situation.

Mais ce n'est pas dans ces questions, en somme exceptionnelles, que les employés ont le plus d'amertumes à éprouver : c'est dans la série quotidienne des tristes effets d'une concurrence excessive, anormalement développée et entretenue par les mœurs, l'inconscience publique, la misère, une aveugle tendance à pousser les enfants vers les carrières d'employés, une insuffisante culture mentale, une profonde erreur de l'enseignement primaire, et aussi par le vain souci de vivre en monsieur, sans trop d'efforts.

Malgré leur grande fréquence, ces misères quotidiennes restent anormales ; elles demandent remède, et l'on sent, l'on sait qu'il est possible de le faire surgir et d'y avoir recours, non pas sous la forme du secours individuel, palliatif temporaire et insuffisant, mais par le moyen de nombreux et, partant, puissants groupements d'intéressés.

Certes, ce n'est pas du premier coup que l'on parvient, même quand on est nombreux, quand l'entente est sincère et le dévouement réel, à donner la solution qu'il faut. Pour résoudre un problème, il faut d'abord clairement le poser, le concevoir, mais le poser ne suffit pas pour en dégager la solution. Il faut *savoir*, il faut étudier, et quand des éléments moraux, humains, sont en jeu, il faut bien les concilier, les apaiser, les rapprocher.

Tout cela est long, certes, mais on ne fait pas violence au *temps*. C'est dans le *passé* qu'il aurait fallu préparer, modifier le *présent*, et nous ne pouvons guère agir — soyons sincères ! — que sur l'*avenir*. C'est lui que l'éducation prépare, et c'est le point que nous négligeons toujours trop. Nous voulons, par impatience puérile, nous passer du temps, et celui-ci nous frappe d'impuissance. L'histoire ne cesse de nous le dire.

Toutes les questions à l'ordre du jour des corporations d'employés nous offriraient de pareilles remarques, en les illustrant d'exemples plus ou moins lamentables. Ce serait le cas, notamment, pour la question des saisies-arrêts, et pour toutes celles qui, comme celle-ci, ont poussé les employés à demander leur assimilation légale aux ouvriers, pour tout ce qui concerne ce que l'on appelle les réformes sociales.

Mais il y a chez les employés des questions qui leur sont plus particulièrement spéciales, comme celles, par exemple, qui résultent des concurrences anormales.

Les problèmes de cette nature sont nés de l'étroit particularisme individuel, qui a été si longtemps la caractéristique de l'employé, et de la fâcheuse tendance, cultivée dans les mœurs, dans l'école primaire, secondaire ou spéciale, à lancer dans les carrières d'employés un nombre excessif de postulants.

Ce mal s'est encore accru par la poussée des dames et des demoiselles vers ces carrières, sous l'aiguillon du besoin ou de la réclame des machines à écrire. Cette dernière se préoccupe peu des conséquences de son action sur les infortunées qu'elle lance dans cette direction, mais quand on la voit agir indirectement, par la sténographie, jusque dans l'école, sans qu'aucune action morale vienne, à temps, *éclairer* les familles, il est permis de se demander si vraiment les intéressés font bien tout leur devoir !

Pour être convenablement traitées, ces questions doivent être agitées au point de vue de l'action sociale des corporations d'employés. Nous y viendrons, plus amplement peut-être, un jour. Il nous suffit maintenant de cette allusion, non pas pour faire obstacle à telle ou telle saine vocation *provisoire* d'une demoiselle, ou pour empêcher telle ou telle femme de gagner, du mieux qu'elle peut, le pain nécessaire aux siens, ou même pour marquer le moindre regret de l'emploi de la machine à écrire, mais pour que l'on aperçoive bien tout ce qu'il y a d'anormal à lancer dans une carrière un nombre *très exagéré* de postulants.

S'il n'y avait inconscience, il y aurait plus qu'une faute évidente, selon nous, à *damner* ainsi des foules innocentes. On accuse volontiers la société de toutes sortes de crimes, après avoir soi-même aidé à les perpétrer. Il est en tout cas assez habituel de montrer de l'indifférence devant leur préparation.

De pareilles remarques seraient à répéter pour ce qui concerne, par exemple, les préparations scolaires. Il y a là pour les corporations d'employés une pressante besogne à accomplir, afin d'arrêter le flot croissant et dangereux des concurrences anormales, et pour mettre un terme aux dangereux effets d'un encombrement funeste des carrières d'employés. Il ne s'agit certes pas de les fermer, de les constituer en *castes*, mais il importe que les corporations fassent état de la *statistique sociale*, de la statistique professionnelle, et que, dans l'intérêt public, comme dans l'intérêt de leurs ressortissants, elles mettent efficacement les populations en garde contre les périls de ces situations anormales, nées du désordre général, et génératrices elles-mêmes de nouveaux désordres !

CHAPITRE VI

Les besoins domestiques de l'employé

Dans la généralité des cas, au point de vue domestique, l'employé est tenu d'accomplir quotidiennement un véritable tour de force en économie ménagère. Il ne gagne pas plus, souvent pas autant qu'un ouvrier mal rétribué, mais il faut qu'il s'endimanche tous les jours et qu'il ait l'air, quelque vraie et profonde que soit sa détresse, d'être à son aise, petitement oui, mais tout de même à son aise.

Devant « le pauvre employé », Balzac s'est arrêté un moment dans sa *Physiologie de l'Employé*. Il en a parlé délicatement, interrompant pour lui sa narquoise critique du fonctionnaire dit employé, si pleine d'ironie, de verve, d'amertume et de... vérité.

« Voici, dit-il, la figure la plus touchante, celle de l'homme qui n'a ni bonheur, ni entregent, qui n'a pas de double industrie, qui n'a que sa place et qui s'est marié avec une femme qu'il aime. Pour Augustine, il se prive de tout. Il est ponctuel, il déploie les plus hautes vertus, il demeure hors barrière. La femme, qui se permet à peine une femme de ménage, nourrit son enfant, fait tout chez elle et marchande elle-même les moindres choses. Le ménage vit avec dix-huit cents francs, et s'en contente pendant vingt ans, sans pouvoir mettre un sou de côté. Ces deux êtres intéressants ont réussi, dans la vie, à payer de modestes meubles en acajou, quatre robes, deux chapeaux et les souliers de la femme chaque année, les bottes et les habillements du mari. »

« Dans cette lutte entre le ventre et la main, l'intelligence s'est ou effacée ou agrandie. »

Quelques lignes plus loin, Balzac termine ce croquis en disant : « S'il meurt avant sa retraite, on ne sait pas ce que devient ni sa femme ni son enfant »

Or, devons-nous dire à ce propos, dans tous les emplois qui ne dépendent pas de la grande administration : Etat, villes, grandes compagnies, l'employé meurt toujours, et pour cause, avant sa retraite !

Au temps où Balzac écrivait cette série d'aperçus et de boutades sur les employés, la vie avait pour ceux-ci des exigences considérablement moindres qu'aujourd'hui, et cependant, s'adressant aux parents en quête d'un avenir pour leur fils, il s'écriait :

« Ne dites jamais cette sauvage, cette fatale, cette cruelle parole : — Il sera employé ! »

C'était plutôt peu encourageant; d'autant plus que les pauvres gens subissent beaucoup plus leur vie qu'ils ne la dirigent, et que, faute de ressources, faute d'occasions permettant l'acquisition d'autres professions, faute même pour celles-ci de demander des bras et des intelligences, il faut bien se rabattre sur les emplois. L'universelle dislocation et reconstitution des travaux tend d'ailleurs à ramener *tous les métiers* à ce type des *emplois*, depuis ceux des laboratoires jusqu'à ceux des transports, en passant par ceux des bureaux et des magasins.

Augustine aujourd'hui, et ce n'est pas le moindre mal, ne reste pas chez elle, quand son mari ne gagne que 1.800 francs. Le mari ne le souffrirait pas facilement, et la femme en aurait même quelque honte, comme d'une paresse avouée. Le mari n'est pas toujours assez généreux et assez fier pour entendre l'axiome de toute première nécessité sociale, posé par Auguste Comte, qui ordonne à l'homme de nourrir la femme, et c'est tant pis pour les enfants, pour la femme et pour le mari. C'est tant pis pour le bonheur de tous, pour la solidité, la sécurité et la beauté du foyer !

A tous les points de vue, c'est la femme qui fait et défait la maison. C'est ce qu'il faudrait ne jamais méconnaître ni oublier, surtout en matière d'éducation, dans la préparation des générations et dans l'orientation de l'enfance.

La femme joue le rôle essentiel et capital dans l'alimentation, l'entretien, l'hygiène, l'épargne, l'éducation, les relations et l'harmonie de la famille. Si la femme manque au foyer, ou si elle est mal préparée à cette incessante et dévouée vigilance qu'il réclame sous ces divers aspects, c'est en vain que l'homme sera intelligent, instruit, habile, énergique, courageux, et dévoué lui-même, le type familial ne pourra jamais être entièrement réalisé, et le bonheur échappera toujours à cet homme, aussi bien qu'à sa femme et à leurs malheureux enfants. Si aveugle qu'on le puisse dire, l'amour même ne pourrait longtemps se faire illusion sur les possibilités de son règne, dans un milieu dont les conditions tendraient incessamment à sa destruction.

La vie de famille est la vie normale et nécessaire. C'est pour la femme surtout la véritable atmosphère de sympathie indispensable à la vie morale. La famille est essentiellement le milieu protecteur, éducateur et affectueux. C'est elle qui constitue l'unité composante de la vie sociale, et les pires crises d'un pays sont celles qui en compromettent ou en ruinent les conditions.

Comme le dit excellemment M. Marcel Lecoq (*La journée de huit heures*) : « Si l'on ne doit pas laisser ruiner l'industrie nationale, il faut encore bien moins permettre que la vie des artisans de sa propriété soit atteinte : l'homme vaut plus que l'argent qu'il gagne, la santé physique et morale d'un pays, plus que sa richesse. Au surplus, il n'y a pas antinomie entre ces deux termes ; en protégeant la santé et la force humaine, on travaille plus efficacement à accroître la puissance et la prospérité générale d'un pays que lorsqu'on vise exclusivement la protection des produits. »

Rien n'est plus urgent toujours qu'une saine et forte vie domestique, et rien ne peut remplacer les joies de la famille, que raillent aujourd'hui, en prose et en vers, tant d'écrivains, tant d'humoristes et tant de prétendus moralistes !

L'industrialisme et la perversion des mœurs luttent non sans succès dans tous les milieux, directement et indirectement, contre la vie de famille, et un maladif individualisme a troublé si profondément les consciences que la révolte de chacun contre tous tend à faire du ménage un enfer, alors qu'il doit être le type même de la plus harmonieuse fusion morale, où les êtres sont si intimement et si heureusement liés, parce que différents et jamais rivaux.

Le mariage couramment discuté, et même condamné, dans le livre, le journal et la conversation, perd de plus en plus dans l'opinion le caractère sacré qu'il revêtait. A grand renfort d'arguments sophistiques, où la vie humaine, conçue sans continuité et guidée par le caprice momentané, perd toute grandeur en perdant tout sentiment profond de sécurité, de durée et de solidarité, on organise contre la femme la plus formidable oppression morale qui se puisse concevoir. Et le plus triste, c'est que partout, grâce à l'ambiance, si troublée, si pervertie, si pénétrante, que nous devons à cette puissante et inlassable critique dissolvante du mariage, on rencontre plus ou moins de jeunes filles et de femmes qui, plus ou moins inconsciemment, et dans un naïf élan de personnalité aventureuse, abusée et imprévoyante, ne craignent pas de prendre part à cette conspiration contre leur sexe.

On ne songe pas même que la destruction de la solidarité familiale, déjà si fortement entamée, devrait avoir moralement et pratiquement pour conséquence nécessaire de faire de toutes les femmes des pensionnaires de la collectivité nationale, dans la proportion même que viendrait indiquer le nombre de leurs enfants vivants. Ce n'est qu'ainsi, en effet, que l'on parviendrait alors à sanctionner pratiquement ce qu'on appelle le droit à la maternité, dont l'exercice est d'ailleurs la condition première de toute existence nationale.

Par cette voie seulement, en dehors du mariage tel que nos ancêtres nous l'ont légué, la femme pourrait vivre sa vie avec dignité. Naturellement, la *filiation* aurait alors lieu par les *femmes*. La *fiction* paternelle disparaîtrait, remplacée simplement, au consentement de la mère et plus tard de l'enfant, par la formalité de l'*adoption*. Nos lois positives seraient enfin d'accord avec la réalité. Au regard de l'enfant, de la femme et de la continuité familiale, il y a hypocrisie et pharisaïsme à ne pas aller jusque là, si l'on affranchit l'individu masculin de la responsabilité qui découle forcément de la fiction légale dont il lui est fait privilège.

Nous doutons cependant que ce soit là l'objectif de nos directeurs d'opinion. Cette suprême libération de la femme, pour prendre un langage analogue au leur, suppose des vues beaucoup trop lointaines à leur gré. Il leur suffit de viser au succès que ne peuvent manquer de leur procurer l'esprit qu'ils déploient dans leurs critiques et le sentiment de pitié qu'ils cultivent dans les tableaux désolants offerts par les mauvais ménages.

Ce n'est pas l'indépendance de la femme que l'on veut obtenir ; c'est bien plutôt la licence passionnelle que l'on veut développer, mais on ne voit guère ce qu'y pourraient gagner nos mœurs et l'avantage que pourraient trouver les femmes à n'être plus guère considérées qu'au point de vue des plaisirs si éphémères attachés à leur possession.

Il y a là des outrances qui enchantent les esprits romanesques, mais le temps a pour tous des exigences durables. Nous avons beaucoup plus besoin de bonheur que de plaisirs, par cela même que nous sommes évadés de l'animalité, et nous ne pouvons vivre heureux qu'en satisfaisant pleinement notre nature morale, qui a besoin non seulement d'attachement, mais aussi de vénération et de bonté.

Des plaisirs plus ou moins vulgaires peuvent suffire à des attachements plus ou moins momentanés, mais le bonheur seul conditionne et récompense l'accomplissement des devoirs que nous avons envers le passé et l'avenir, envers les parents et les enfants.

A ce point de vue, notre grand et charmant Anatole France nous trace un simple et délicieux tableau de famille, qu'on ne saurait assez contempler.

« L'école en plein vent, dit-il, m'enseigna, comme vous voyez, de hautes sciences. L'école domestique me fut plus profitable encore. Les repas de famille si doux, quand les carafes sont claires, la nappe blanche et les visages tranquilles, les dîners de chaque jour avec leur causerie familière, donnent à l'enfant le goût et l'intelligence des choses de la maison, des choses humbles et saintes de la vie.

« S'il a le bonheur d'avoir, comme moi, des parents intelligents et bons, les propos de table qu'il entend lui donnent un sens juste et le goût d'aimer. Il mange chaque jour de ce pain béni que le Père Spirituel rompit et donna aux pèlerins dans l'auberge d'Emmaüs. Et il se dit comme eux :

« Mon cœur est tout chaud au dedans de moi. »

« Les repas que les pensionnaires prennent au réfectoire n'ont point cette douceur et cette vertu. Oh la bonne école que l'école de la maison. »

Si la vie de famille est seule la vie normale et saine ; s'il est pour tous urgent de la goûter pleinement, c'est surtout pour les pauvres que sa disparition ou son insuffisant essor ont les plus navrantes conséquences, à tous les points de vue. C'est une triste chose qu'une maison dont la femme est absente pendant la plus grande partie du jour et que les enfants connaissent peu.

La femme à l'atelier, au magasin, au bureau et les enfants donnés en garde, à la crèche, etc., pendant que, de son côté, le mari est pris au dehors par les exigences de son travail, quel froid, lugubre et irritant retour cela prépare à tous, après la journée, et quelles exténuantes et absorbantes tâches cela réserve à la femme, en lui enlevant les moyens d'exercer son action la plus haute dans la vie familiale !

Quelle culture morale et intellectuelle est-il possible d'obtenir le soir, par exemple, dans ces conditions ! L'homme ne vit pas seulement de pain ; or est-il possible de s'élever ainsi à la vie morale et heureuse, dans l'intimité reposante des soirées de famille ! Peut-on méconnaître seulement combien la présence de la femme est indispensable, autant que sa vraie indépendance, pour tous les soins corporels et matériels qu'exige la vie domestique.

Et même au seul et particulier point de vue de l'économie bien entendue, est-ce que la femme, la vraie femme, ne produit pas? Ne développe-t-elle pas le pouvoir d'achat du salaire de son mari par ses talents de ménagère? Est-ce que ses soins continus, dévoués et entendus, peuvent être sans effet utile sur les conditions de la vie domestique? Est-ce que sa vigilance, son activité, son amour des siens ne multiplient pas les ressources du ménage, par l'utilisation des moindres choses? Est-ce que sous sa main experte, dans son désir de plaire et par sa délicatesse innée, la plus pauvre demeure ne peut prendre un air de fête et donner par la propreté, la netteté, le bon ordre, une saine impression de confortable?

Nous avons gardé un souvenir très net, que les années n'ont pu affaiblir, d'une impression d'enfance qui fut très forte. Nous avions alors pour camarades, deux frères, fils d'une pauvre veuve. Ces deux enfants étaient admirablement soignés. Leur aspect était le plus décent qu'on puisse imaginer. La propreté de leurs vêtements, la simplicité et la droiture de leurs manières, la clarté et la franchise de leurs regards, le timbre doux et plein de leurs voix, l'aisance et la vigueur de leurs mouvements, tout en eux nous plaisait et formait l'ensemble le plus sympathique. Nous nous liâmes assez avec eux pour faire naître tout naturellement un jour l'occasion d'entrer chez leur mère, et ce fut un émerveillement pour nous.

Depuis deux ou trois ans, cette femme avait perdu son mari, pauvre journalier. Veuve, sans ressources, elle devait pourvoir aux besoins de ses enfants, qui avaient bien alors entre dix et douze ans. Elle faisait des ménages ; elle passait chez les autres une partie de ses journées. Son gain pouvait être de 25 centimes par heure, et peut-être avait-elle ainsi environ 50 francs par mois de revenu. Eh bien, dans les deux pièces, cuisine et chambre à coucher, qui formaient son logement, tout était idéalement propre, net et coquettement arrangé. Partout la lumière du jour frappait gaîment les objets, ustensiles et meubles, tout brillants d'astiquage, les pavés, planchers, murs et plafonds, à l'abri de tout reproche. Le nombre et la disposition des choses, d'abondants et précis détails d'arrangement, des habitudes suivies avec sûreté, une symétrie aimable et discrète, tout révélait une vie ordonnée, laborieuse et sage, en même temps qu'un goût exquis et délicat. Et c'était une femme pauvre parmi les plus pauvres, ayant charge d'âmes, n'ayant d'autre appui que son courage, qui faisait toutes ces merveilles !

On ne pourrait donner meilleur exemple et plus forte leçon. La bonne et douce Madame T... n'imaginait certainement pas que ce qu'elle faisait si naturellement, avec tant d'art, dût jamais mériter de l'admiration, en raison de la faiblesse de ses moyens et de la plénitude des résultats qu'elle obtenait. Il en est ainsi pourtant et, dans ses souvenirs, depuis plus de trente ans, celui qui trace ces lignes rend hommage aux vertus de cette vaillante femme du peuple.

Ecarter la femme du foyer, c'est rejeter loin de la maison tout ce qui peut ensoleiller la vie. C'est tendre à dissoudre la famille et c'est découronner la femme elle-même, en l'éloignant de son domaine de prédilection, en gênant et même en arrêtant l'essor de ses meilleurs dons naturels et acquis.

Il n'est donc pas d'idée plus dangereusement fausse que celle qui fait considérer comme un *scandale*, dans certains milieux populaires, le fait, pour l'épouse et la mère, de demeurer à la maison pendant que le mari travaille au dehors. Cette idée est notamment entretenue, comme un préjugé, par la rivalité déplorable et pas toujours dissimulée des femmes entre elles. Et celles que leur infortune met en devoir de « travailler » en conçoivent souvent une aigreur, qui altère singulièrement le caractère féminin, dont l'exclusivisme particulier souffre exagérément de toute comparaison désavantageuse.

A la base de toutes les questions féminines, on trouve forcément toujours celle des rapports des sexes entre eux, tant au point de vue pratique qu'en ce qui concerne leur développement intellectuel et moral. Ces sujets ont été admirablement mis en lumière par Madame Neera. Traduit de l'italien par Mademoiselle H. Doüesnel, son ouvrage intitulé *Les Idées d'une femme sur le féminisme* est plein des plus heureuses observations. Il en est dont la netteté et le relief ne permettent aucune équivoque et dont le bon sens triomphe de toute argutie. C'est avec une véritable gratitude que nous empruntons ci-après quelques passages à cet ouvrage dont on ne saurait assez recommander la lecture :

« Parler de supériorité et d'infériorité à propos des

sexes, dit Madame Neera, est un vain discours, indigne de quiconque pliant le front sous le baiser maternel, s'est senti effleurer par l'aile du mystère. Et qui n'a pas senti cela ne comprend rien à la vie.

« ..... tout ce gaspillage de forces fait par la femme pour disputer à l'homme les occupations intellectuelles, diminue le trésor de pures énergies dont la femme est pour ainsi dire le réservoir ; forces égales à celles de l'homme, redisons-le, sans ombre d'infériorité, mais destinées à un emploi différent, emploi qui, après tout, importe à la nature beaucoup plus que tout autre.

« ..... il ne manque pas de personnes de bonne foi qui disent ingénûment : « Mais il faut pourtant faire quelque chose pour les femmes qui ne trouvent pas de maris ! » Or, en pareille circonstance, nous répondrons qu'une seule chose pourrait être vraiment efficace : trouver le mari. Si cela ne se peut, tout le reste est fumée et vain bruit ; car vous m'accorderez bien que sécher sur un encrier plutôt que sur une aiguille, comme autrefois, ne change pas la question le moins du monde.

« ..... femmes — femmes nées pour l'amour — réédifiez la maison ! Ce n'est pas l'école qui éduque, c'est le foyer ; ce n'est pas le livre qui enseigne, c'est la vie ; ce ne sont pas les maîtres qui font l'homme, c'est la mère.

« ..... les femmes pauvres ont toujours travaillé quand elles ont pu le faire et même quand les soins réclamés par leur ménage et par leurs enfants les auraient si utilement retenues dans leur maison ; d'où il me semble que, si un progrès est désirable, c'est précisément celui de voir chaque mère de famille s'occuper de sa famille et les jeunes filles seules chercher ailleurs une occupation.

« ..... les hommes ayant déjà de la difficulté à trouver des emplois quand, grâce à la concurrence, les places seront prises par leurs femmes, ils n'auront qu'à rester à la maison et à attendre qu'elles y rapportent leur salaire. Ce sera là une belle conquête pour l'égalité. »

Nous ne croyons pas que l'on puisse mieux souligner que ne l'a fait Madame Neera l'ensemble des raisons profondes qui font de la présence continue de la femme au foyer, la plus indispensable condition à remplir premièrement, pour la satisfaction des vrais besoins domestiques. Il en est ainsi, qu'il s'agisse de tout ce qui concerne l'habitation, le mobilier, le chauffage, l'éclairage, le vêtement, l'entretien, la nourriture et l'hygiène, ou encore de l'art d'acheter, utiliser, entretenir, conserver, ménager, épargner, dresser le budget domestique, prodiguer les soins que réclament l'enfance, la vieillesse, l'invalidité, la maladie, ou bien de faire de la maison le refuge sûr et tout proche, dont l'atmosphère apaisante et vivifiante, rassérène, réconforte et encourage, et dont la pensée donne à toutes les heures de la vie du travailleur, à tous ses efforts, un but précis, logique, vivant et ardemment sympathique.

C'est, à n'en pas douter, pour le malheur de tous que la personnalité, maladive et abusée, flottante et débile, sous la peur des responsabilités et des longs devoirs, monstrueusement asservie par des besoins vulgaires, devenus exclusifs, étroits et déprimants, s'écarte de la seule voie normale ouverte à la vie, et tend à troubler la saine, morale et ferme continuité de la famille.

Peut-on songer sans douleur au sort plein d'amertumes réservé à tant de jeunes filles, à qui le mariage demeure interdit, notamment dans les grandes villes, simplement parce qu'elles sont pauvres et qu'elles n'ont pas de dot; parce que, comme nous le disait à Paris, il y a quelques années, une employée de bureau qui, en compagnie de quelques centaines de compagnes, passait ses jours dans les sous-sols d'un grand établissement financier, on n'épouse plus maintenant une jeune fille qui n'a pas d'argent de côté, et n'apporte pas au moins une petite fortune au jeune homme qui pourrait s'intéresser à elle. Tout au moins doit-elle gagner autant que lui.

Cette situation navrante, et qui tend à s'accuser encore, a des conséquences déplorables sur l'éducation des enfants, et il en résulte que les arts domestiques, dont la femme doit avoir la charge, et qu'elle acquérait par une tradition ininterrompue jadis, lui font maintenant trop souvent défaut. C'est au point qu'il faudrait hâter partout l'établissement d'un enseignement ménager où la future épouse, la future mère, acquerrait pratiquement les talents et les connaissances que réclameront ses fonctions, et que la tradition familiale ne lui fournit plus.

L'abandon de l'éducation du peuple prouve seulement le dédain, sinon le mépris du peuple. De tous les moyens de progrès, il n'en est pas de plus nécessaires et de plus puissants que l'éducation. C'est elle qui doit faire naître partout des besoins de progrès, au moyen d'habitudes d'ordre matériel et de dignité personnelle. C'est à elle qu'il appartient de répandre partout les plus vifs et les plus constants besoins de propreté, de vigueur, de bon sens, de bonté et d'attachement, de politesse, de respect réciproque, de liberté, de justice, de goût, de distinction, de beauté, etc.

Dans cette voie, les formations corporatives peuvent encore faire beaucoup de bien, en entraînant les individualités qu'elles rassemblent, vers un mieux-être, dont l'obtention graduelle est essentiellement leur objet.

Les associations d'employés peuvent provoquer des dévouements qui ne demandent qu'à s'affirmer dans cet esprit, et dont il convient de diriger l'appel vers les femmes. Celles-ci, groupées autour des éducateurs, des médecins, des philanthropes et des artistes, pourraient exercer une influence morale, considérable et bienfaisante, sur l'opinion, tout en rendant pratiquement dans leur entourage les plus grands services personnels. L'un des plus beaux, des plus délicats et des plus essentiels aspects de la solidarité humaine leur devrait ainsi une heureuse rénovation. La vie publique et la vie privée en recevraient des améliorations certaines et réconfortantes, et s'en trouveraient chacune fortifiées et ennoblies.

De telles œuvres sont d'autant plus désirables qu'elles font surtout appel au dévouement, exigent peu de capitaux, et sont directement et indirectement productives de ressources variées, même matérielles.

Il en est d'elles comme de l'assurance, dont on a fait une entreprise *mercenaire,* et qui si les classes pauvres s'en étaient chargées, ou avaient pu s'en charger, *comme il leur appartenait de le faire*, leur aurait procuré une sécurité qui leur fera encore longtemps défaut, pour tous les risques qui les menacent, et leur aurait en même temps procuré *des ressources immenses* et premièrement la *propriété de l'habitation*.

La charge des impôts et leur répartition, directe ou par répercussion, pèsent lourdement sur les classes pauvres, dont la consommation s'en trouve considérablement atténuée. Leur intérêt est directement engagé à l'allègement des charges fiscales, et, malheureusement, nombre d'artifices les égarent en les faisant maintes fois applaudir à des dépenses publiques, dont le plus clair effet cependant est de prolonger leur état misérable, malgré l'énorme progrès scientifique et industriel incessamment accompli !

Sous ce jour encore, les formations corporatives ont pour destination de rendre aux classes pauvres les plus grands services, *en les éclairant* sur les conséquences pratiques des mesures fiscales adoptées ou projetées, et en les organisant, pour en combattre et corriger, *pratiquement,* les effets accablants.

Cette question des charges de l'impôt sera toujours capitale et devrait toujours figurer à l'ordre du jour de toutes les formations corporatives et mutualistes. D'intéressantes tentatives se font dans cette direction, et il en ressortira, de plus en plus clairement et utilement, la connaissance nécessaire du rapport existant, à toute époque et pour chaque localité, entre le salaire apparent et le salaire réel.

Il sera évidemment nécessaire de déterminer exactement ce rapport, et ce sera l'un des plus précieux éléments d'appréciation pour l'établissement conventionnel d'un salaire minimum et d'une échelle des salaires, *par concordance avec les prix des denrées et le coût de la vie*, quand le *contrat collectif de travail* et la *sanction légale des libres conventions ouvrières* seront des *réalités* de chaque jour.

Ces procédés assureront enfin à la famille pauvre la sécurité qu'exige sa pleine constitution, et sa légitime part des progrès incessamment réalisés dans le mouvement économique et social. Les budgets privés auront ainsi partout les plus sûres garanties que demande la vie normale, et les conséquences matérielles, actuellement si douloureuses dans les familles pauvres, de la maladie, de l'accident, de l'invalidité et de la mort, outre celles du chômage, seront contrebalancées, avec une pleine efficacité, par les libres conventions concertées.

C'est d'une telle politique populaire, basée sur le calcul et la liberté des conventions de travail et de non-travail, avec leur nécessaire sanction légale, que l'on peut attendre, dans sa plénitude, une véritable et suffisante émancipation des classes pauvres.

Cette politique, en leur assurant, d'une part, les

bienfaits d'une saine prévoyance, et la sécurité matérielle, en face de tous leurs risques, y compris ceux de la vieillesse, et d'autre part, avec la propriété de leurs fonctions, une association effective et permanente avec la direction technique, plus une participation raisonnable et loyale dans la répartition de la production, concilierait, directement et constamment, les besoins d'indépendance de tout individu avec ceux du concours de tous, nécessaire à la vie sociale.

Le travail, devenu partout un constant et utile effort social, serait pour toutes les familles, la base, la condition et la garantie du bonheur, c'est-à-dire d'une vie saine, normale, active, consciente, puissante, intelligente, vraiment belle et généreuse.

La règle et la proportionnalité, la prévision et la prévoyance, partout introduites, feraient du régime économique une nette et constante application, partout publiquement et constamment appréciable du calcul, et dégageraient toujours, à tous les regards, avec précision et certitude, le rapport vrai de l'offre et de la demande, c'est-à-dire des ressources et des besoins.

Ce rapport n'est et ne peut être aujourd'hui qu'un énoncé très vague, confus, incohérent et mystérieux du problème pourtant essentiel, que tente vainement de résoudre empiriquement la statistique. Celle-ci est partout faussée, déçue, abusée, en raison même de la guerre incessante — caractéristique générale du régime actuel — que chacun fait à tous, dans un désordre qui livre les masses à l'impuissance et à la précarité.

Ce n'est que par de tels arrangements que l'on parviendra à établir le nécessaire équilibre économique, dont l'absence est bien le plus redoutable fléau du monde social.

L'institution d'un meilleur mode de salaires doit résulter de cette politique populaire. Une concordance doit s'établir entre les termes de dépenses et les termes de recettes, de même qu'une division entre une partie *fixe* toujours assurée du salaire, et une partie *mobile*, variable selon les résultats de la production. Peu à peu la constance tendrait à se réaliser également, pratiquement, dans cette partie même, qui ne serait guère troublée un jour que par de grands accidents imprévus.

Cette stabilité, toujours maintenue par la prévision et la proportionnalité, dans les rapports du travail et de la production et par l'acquisition graduelle de la *propriété des fonctions*, permettrait *enfin* une véritable institution matérielle de la propriété personnelle, garantissant à chacun, selon l'expression si lumineuse d'Auguste Comte, la possession de ce qui doit être « *à son usage continu et exclusif* », de ce qui lui est *propre* essentiellement, comme le mobilier et le domicile.

Il va de soi que *toujours* une certaine *modération* devra s'imposer dans tous les budgets privés, mais cette modération voulue, libre, spontanée, honorable et morale, n'aura aucunement le caractère du principal *item* de nos actuels budgets pauvres, celui des *privations*. Ce sont celles-ci, en effet, qui permettent seules, parfois à un taux effrayant, d'équilibrer les recettes et les dépenses des ménages pauvres.

C'est une bien intéressante question que celle de l'établissement du budget domestique, et l'on aurait dans son étude l'occasion facile et nombreuse de documenter la vie populaire. Il faut nécessairement nous borner, mais les quelques données et références que nous allons reproduire éclaireront assez, pour notre objet, ce point où vient aboutir toute recherche sincère et loyale des conditions d'existence faites aux pauvres. Le budget, pour qui sait le lire, donne à la fois la synthèse et l'analyse de ces conditions.

Dans la brochure qu'il a consacrée à *l'Employé*, M. Léon Audray présente comme suit, pour Paris, le budget de l'employé marié, en prenant pour base le chiffre moyen d'appointements de 200 francs par mois :

Loyer, 420 francs par an....				35 fr.	»	par mois
Nourriture :						
Lait,	0 fr. 25	par jour..		7.	75	—
Viande,	1	40	— ..	43	40	—
Légumes,	0	25	— ..	7	75	—
Desserts,	0	25	— ..	7	75	—
Pain,	0	40	— ..	12	40	—
Vin,	0	40	— (1 l.)	12	40	—
Beurre, épicerie............				10	»	—
Habillement...............				15	»	—
Ménage....................				5	»	—
Éclairage..................				5	»	—
Gaz........................				6	»	—
Chauffage..................				8	»	—
Blanchissage...............				6	»	—
				181	45	—

Report..........	181 fr. 45	par mois
Reste : dépenses imprévues, maladies, économies.............	18 55	—
	200 »	—

Cette liste de dépenses ménagères n'offre guère d'élasticité, et quand on a pu entendre l'une quelconque des critiques calomnieuses, dont chaque jour les classes pauvres sont l'objet, touchant leur imprévoyance, leur dissipation et la fête à laquelle elles sont censées se livrer, il est bon de se mettre sous les yeux le budget qu'elles pourraient établir si, comme on semble le leur demander, elles étaient sages, tout à fait sages. Elles n'ont guère le moyen de ne pas l'être.

Ces sortes de comparaisons, précises et loyales, ont l'avantage très grand de mettre immédiatement les choses au point et d'éviter les discussions plus ou moins passionnées et intéressées.

Grâce à de tels rapprochements, on voit immédiatement le tort immense que quelques individualités peu estimables, tapageuses et de mauvaise conduite, peuvent faire à toute une population de salariés, à laquelle un commode, habituel, et pas toujours artificieux pharisaïsme impute gratuitement si volontiers les méfaits de quelques-uns. Il est certes déplorable que de trop fâcheux exemples soient offerts ainsi au sein des populations pauvres, mais il ne serait que de très modeste équité de songer à ceci que rien n'est plus pernicieux pour elles que les influences et les exemples qui leur viennent des autres classes !

Sans parler des nombreuses carrières individuelles vouées à l'art de dépraver le public — le public pauvre notamment — par la plume et le dessin; sans s'arrêter à l'étalage, toujours plus grossier, d'un naïf égoïsme chez nombre de riches, ou de prétendus riches, il est aisé de se rendre compte qu'entre la conduite habituelle des jeunes gens dits « comme il faut », « qui s'amusent », et celle de leurs cyniques et sinistres sosies, la différence est beaucoup plus dans le costume, les manières et les ressources que dans les besoins et les efforts moraux.

Les uns et les autres offrent les mêmes tendances crapuleuses, la même recherche des plaisirs grossiers, le même éloignement du travail. C'est à peine si leurs expressions habituelles diffèrent; mais, tandis que l'on est toujours porté à l'indulgence pour les uns, les autres n'inspirent que répulsion ; et il en est ainsi plus ou moins pour toutes les situations correspondantes des pauvres et des riches. Cette histoire, qui se renouvelle incessamment au cours des siècles, est toujours celle de la paille et de la poutre. Il convient parfois de s'en souvenir et de s'en apercevoir.

Dans le petit budget de deux cents francs par mois, où ne figurent, par exemple, ni le linge, ni la chaussure, ni livres, ni journaux, ni les chemins de fer, tramways, omnibus et bateaux mouches, ni parapluies, ombrelles, gants, etc., ni primes d'assurances, ni cotisations d'aucune sorte, ni coiffeur, ni bains, etc., ni distractions quelconques, théâtres, concerts, etc., ni tabac, ni dépenses de café, ni fêtes de famille, etc., etc., qui sont des dépenses régulières, on voit quel trouble peut y apporter le moindre petit événement, et quel *talent, non pas seulement d'épargne, mais de privation douloureuse,* est toujours nécessaire pour en maintenir l'équilibre. On devine aisément ce que la venue des enfants peut y produire, et l'on aperçoit combien, en nombre de cas, il est indispensable que la femme aille au dehors chercher des ressources que le travail du mari ne suffit pas à procurer.

Combien d'ouvriers et d'employés ne gagnent pas même ces deux cents francs ! Combien de ménages n'ont pas ce budget annuel de deux mille quatre cents francs ! Comment font donc ceux-là qui n'ont que douze cents, quinze cents ou dix-huit cents francs à dépenser par an ? Quelle ingéniosité leur faut-il posséder, ou quelle résignation patiente et courageuse ?

Il est habituel de dire, comme le fait, par exemple, l'*Almanach Hachette,* que la nourriture entre pour moitié dans les dépenses d'un petit budget, le loyer pour un cinquième, l'entretien et les dépenses diverses pour un autre cinquième, et que les économies représentent dix pour cent du revenu annuel. Le budget ci-dessus correspond à peu près à cette répartition, puisqu'il indique :

Pour la nourriture : 101 fr. 45, alors que les 50 p. 100 du budget donnent 100 francs ;

Pour le loyer : 35 francs, alors que les 20 p. 100 du budget donnent 40 francs;

Pour l'entretien, etc.: 45 francs, alors que les 20 p.100 du budget donnent 40 francs;

Pour les économies, etc. (!) : 18 fr. 55, alors que les 10 p. 100 du budget donnent 20 francs.

A ce propos, un de nos amis, M. Hippolyte Maze, qui trouva tragiquement la mort, ainsi que son épouse, en mai 1902, dans la catastrophe de la Martinique, dressait en 1900, en prenant pour base le prix de la vie au Havre, un très intéressant et très instructif tableau, celui d'un ménage *voulant vivre convenablement, sans abus.* Cette statistique ménagère fut publiée dans le *Recueil havrais*, sept. 1900.

« La majorité de ceux auxquels notre travail a été soumis préalablement à son impression, disait-il, a été d'avis que nos prévisions partielles étaient aussi approchantes que possible de la vérité. Tenant compte des quelques écarts qui nous ont été signalés, nous avons corrigé nos chiffres primitifs en conséquence.

« Les réflexions de nos amis ont surtout porté sur le total formé par nos dépenses partielles. Tous ont été plus ou moins « estomaqués » par l'importance de ce total et se sont demandé s'il serait prudent de publier un travail qui pourrait ne pas atteindre le but qu'il semble se proposer.

« On s'est mépris sur ce but, qui n'est pas, en effet, nous le répétons, de chercher à connaître comment un employé gagnant annuellement quinze cents ou dix-huit cents francs, ou tout autre homme, s'y prendra pour équilibrer son budget, mais bien d'évaluer la somme nécessaire pour *vivre convenablement au Havre.*

« Si cette évaluation peut être obtenue, il sera aisé d'en tirer ensuite les conclusions qu'il plaira. »

Le résumé de ce travail donnait le tableau ci-après pour récapitulation des dépenses :

Dépenses de la maison..........	969 fr.	55
Entretien du mari..............	300	»
Entretien de la femme..........	303	30
Nourriture.....................	1.345	50
Dépenses diverses..............	164	05
	3.082	40
Fêtes..........................	130	»
Congé annuel...................	50	»
Dépenses imprévues.............	87	60
	3.350	»
Prévoyance et assurances.......	625	25
	3.975	25
Charges de famille (2 enfants)...	750	»
	4.725	25

De cette très intéressante enquête, notre ami avait écarté la prévision des charges de famille résultant d'un grand nombre d'enfants, des grands-parents, etc. ; il avait porté seulement pour mémoire diverses dépenses et négligé les cas de maladie de la femme, etc., etc. Il avait réussi, pour le cas particulier du Havre, qui peut être à peu près le même pour toutes les grandes villes, « à préciser de façon aussi exacte que possible, *la somme en deçà de laquelle on ne peut pas descendre sans qu'il s'ensuive des privations* ». Et il aboutissait à une dépense totale de quatre mille sept cent vingt-cinq francs, vingt-cinq centimes.

S'il est on ne peut plus moral de vivre avec modération, c'est-à-dire avec économie et prévoyance, il ne l'est pas moins de se rendre bien compte de la nécessité où nous sommes de développer considérablement la production des denrées et des choses qui sont le plus nécessaires à notre existence, pour faire face aux obligations que nous crée la vie sociale, à commencer par celle de la vie de famille.

Or, cette production est encore *très insuffisante*, et nombre d'erreurs économiques et sociales la raréfient encore en chargeant la vie populaire de très lourdes dettes publiques et de l'entretien d'institutions exagérément développées et devenues anachroniques.

Au regard de la conscience des nations civilisées, dont les meilleurs représentants ne cessent de poursuivre les nobles utopies de la paix universelle; de l'émancipation du prolétariat, c'est-à-dire de son incorporation, de son accession véritable à la société moderne; de l'assimilation, par des moyens pacifiques et sympathiques, de populations encore soustraites à l'influence directe et à la culture de notre civilisation, et finalement, d'une rénovation de la vie de famille, par le maintien au foyer de la femme et des enfants, il n'y a pas de bonnes raisons qui puissent militer contre le devoir de permettre à chacun et à tous de concourir, par le savoir et le dévouement, au mieux-être général.

De telles utopies indiquent la direction qu'il convient de donner à nos efforts vers le mieux, et des travaux comme l'enquête de M. Hippolyte Maze précisent suffisamment et utilement la notion de ce que nous devrions pouvoir faire dès à présent si... nous ne cessions, par nos folies politiques et économiques, de détruire nous-mêmes, inconsciemment, les plus indispensables appuis matériels du bonheur public et privé.

Il en résulte qu'à vouloir concilier simultanément, par des efforts pratiques, nos tendances généreuses et nos prétentions abusives, nous ne pouvons donner satisfaction ni aux unes ni aux autres. Nous nous condamnons ainsi à l'illogisme, à l'incohérence et à l'impuissance, parce que nous ne rêvons ainsi que d'impossibilités. Si les peuples civilisés, attardés encore aux pièges de la politique particulière, personnelle, hostile et diplomatique, pouvaient, par leur confédération, supprimer les occasions de défiance et de discorde qui naissent de leur désunion et de leur jalousie, les milliards si vainement dépensés pour la guerre pourraient être consacrés aux œuvres de paix sociale et à l'amélioration du sort de tous. Notre situation politique constitue un milieu hostile à la satisfaction des plus urgents besoins domestiques, et il importe que, dans tous les pays, les populations laborieuses en acquièrent la nette conception.

Cette situation si déplorable, malgré nos incontestables progrès, a pour conséquence de traduire en duperies, souvent, nos meilleures œuvres de solidarité. Il ne servirait de rien, par exemple, de décréter un relèvement général de vingt-cinq pour cent dans les revenus, si la production n'augmentait pas. Automatiquement le prix des choses éprouverait un relèvement correspondant et peut-être supérieur. Nombre d'exemples récents et considérables en ont encore fait la plus claire démonstration. Il en est de même pour les charges fiscales, en vain réparties avec habileté. La partie active du capital, la seule réellement intéressante par sa masse, *reportera toujours ses charges sur les produits*, et ce sera toujours, finalement, le *consommateur* qui devra payer l'impôt, dont le *meilleur*, par conséquent, sera toujours *le plus faible*.

Le prolétariat ne pourra matériellement améliorer sa situation qu'*en faisant toujours concorder les taux des salaires avec le coût de la vie*. Sa politique sociale devra prendre cette relation pour base d'action, tous les autres progrès rêvés lui étant nécessairement subordonnés.

Quant à la situation domestique du pauvre, son amélioration directe résultera de la présence de la femme au foyer. C'est dans cette voie qu'il convient de s'engager de plus en plus, et c'est même ce qui pourra permettre au salarié d'utiliser le mieux *le loisir normal, auquel la dignité humaine lui fait un devoir de prétendre*.

En 1893, M. Auguste Keufer, aujourd'hui vice-président du Conseil supérieur du Travail, dans un rapport que publiait *La Typographie française* des 1er et 16 septembre, écrivait ce qui suit :

« Tout en reconnaissant l'utilité, la nécessité même de la loi de protéger la femme contre les abus qui accablent son sexe, je ne pus me dispenser de faire remarquer que bien des améliorations seront obtenues et bien des abus disparaîtront plutôt par une réforme morale que par l'intervention d'une loi.

« Que de cas pourrait-on citer ?

« Ainsi, n'est-il pas fréquent de voir tel ardent adversaire du travail de la femme dans une industrie qui le touche de près, faire travailler son épouse dans une industrie voisine et laisser faire à côté ce qu'il défend chez lui : la loi ne peut rien contre ces incorrections individuelles ; les convictions seules peuvent dicter la conduite à suivre, et, dans bien des circonstances, les préoccupations morales et sociales des chefs de famille restitueront la femme à sa fonction normale, où personne ne peut la remplacer, ni la loi, ni les mercenaires, car il faut l'affection, le dévouement et l'abnégation de la mère pour former et élever une famille.

» Le jour où, sous prétexte d'égalité et d'émancipation, de droit au travail, on aura arraché la femme à cette mission noble et naturelle, nous serons une société finie, nous nous vautrerons dans les seules satisfactions matérielles, sans énergie physique et morale. »

Ces réflexions judicieuses, à notre gré trop pessimistes, empreintes d'un réel souci du sort des femmes, éclairent d'une nette lumière, le meilleur de la vie domestique et en dégagent clairement les plus généreux besoins.

CHAPITRE VII

Les fins élémentaires de l'activité sociale et la participation des Employés aux mouvements de l'opinion

Quelle que puisse jamais être l'organisation sociale, il y aura toujours d'irréductibles différences individuelles, à tous les points de vue imaginables. Il y aura toujours pour chacun de nous, dans le temps, dans l'espace, dans la vie sociale, dans la coopération humaine, des états divers, plus ou moins distants et différents. Il y aura toujours, et de plus en plus, entre les divers individus, des différences héréditaires, naturelles, spontanées, acquises ou développées. Il y aura toujours pour chacun de nous, des supérieurs, des inférieurs, des voisins et des contraires, des rivaux aussi, dans le domaine du sentiment, comme dans celui de l'intelligence et dans celui de l'énergie. L'inégalité est essentiellement une loi des choses et la civilisation en développe les aspects individuels, tout en rapprochant visiblement les types de l'existence au point de vue économique.

Les individualités s'affirment de plus en plus et deviennent de plus en plus distinctes et complexes. Ce serait une chimère que de rêver le retour à un type uniforme d'évolution individuelle, et tout effort dans ce sens constituerait, s'il avait le moindre succès, un véritable malheur social et comme une tentative de suicide pour la collectivité qui l'entreprendrait.

Rien ne nous paraît plus étrange et plus comiquement bas que la simplicité des moyens de satisfaction des primitifs, quand les récits des voyageurs nous mettent, par exemple, en présence de peuplades dont le genre de vie nous offre comme une image du sort de nos lointains ancêtres.

Sous le titre « Nouveaux hommes », — « Neue Menschen », dans un article publié par la *Weltwarte* d'octobre 1907, et d'après l'ouvrage danois de l'explorateur Knud Rasmussen, qui fit partie, en 1903, de l'expédition danoise au Groenland septentrional, conduite par Mylius Ericksen, le Dr Heinrich Pudor étudie les mœurs d'une petite peuplade vivant à 120 milles au nord du district d'Upernivik et dans l'ignorance de notre civilisation. L'émotionnante et singulière puérilité de ces hommes nouveaux, de ces Esquimaux du Pôle Nord, qui comptaient 295 hommes en 1905, se manifeste par des traits faits pour surprendre. C'est assez pour notre objet présent de dire que là-bas la béatitude suprême pour l'homme consiste à se gorger de viande de morse, à se coucher ensuite sur le ventre, pendant que sa femme l'endort en lui cherchant des poux. Les récits de Livingstone nous fourniraient aisément, comme aussi ceux de maint explorateur, des traits non moins grossièrement puérils, mais si, dans des circonstances qui font différer si peu les uns des autres les divers individus, il y a cependant des différences et des inégalités irréductibles, il va de soi que tout effort civilisateur multiplie ces différences et ces inégalités.

Il ne s'ensuit naturellement pas que toutes les inégalités soient sacrées et que l'arbitraire, par exemple, en puisse légitimement créer, mais il en découle nécessairement que le développement individuel doit être aussi libre que possible, et qu'il importe à toute collectivité de posséder le plus grand nombre obtenable d'individus fortement, harmoniquement développés. Il en découle aussi qu'il est d'intérêt général de favoriser ce développement individuel, en lui donnant pour but de satisfaire de mieux en mieux au bien commun.

L'envieux et sordide nivellement par en bas heurte, du reste, trop directement la délicatesse même du caractère français pour qu'il soit bien nécessaire d'insister sur cette nécessité d'un libre développement de la personnalité. C'est à cette condition que le perfectionnement de notre situation individuelle et sociale peut être constant et qu'un minimum de progrès peut être affirmé par chaque génération. C'est le seul moyen de donner à la fois satisfaction aux impatients et aux prudents, en consolidant chaque progrès atteint et en entraînant ceux qui s'attardent.

« Lorsque les hommes sont assez sages, disait Waldeck-Rousseau au banquet des mutualistes, le 27 octobre 1901, pour ne pas se décourager, les uns parce que d'autres veulent davantage, les autres parce que les uns ne veulent pas assez, alors on sort des débats stériles, on entre dans la voie des réformes. C'est à dégager ce minimum de progrès que doit s'employer toute l'attention, je ne dis pas seulement du Gouvernement, mais de tous les hommes politiques. C'est la véritable façon de servir le progrès social que de lui faire parcourir, étape par étape, tout le chemin au bout duquel on peut entrevoir, dans un avenir sans doute lointain, l'accomplissement de ce qui forme le vœu de toute la philosophie même. »

Si faible qu'on le fasse, tout mouvement de réel progrès développe l'ordre existant et relève la dignité humaine. Un meilleur régime de vie domestique en résulte immédiatement, et plus le salarié, le pauvre, dépouille l'attitude humiliée et dégradante du chien battu, plus il a le sens de son utilité sociale, la conscience de sa vraie dignité ; plus aussi il concourt au perfectionnement de la vraie discipline sociale, parce qu'il ne peut vraiment justifier, à ses propres yeux, ce régime que par l'encouragement et le respect que lui valent la dignité de sa vie et l'accroissement de sa capacité professionnelle.

Sous ce jour, nous avons à prendre des leçons à l'étranger. Il y a, par comparaison, quelque chose de pénible à constater combien l'ouvrier français, en nombre de circonstances, accepte de vivre dans les pires conditions hygiéniques, et ne s'affranchit pas assez des préjugés et des habitudes scatologiques, au contraire de ce que l'on voit en d'autres pays où, par exemple, le travailleur, au sortir du travail, est proprement vêtu et peut goûter, en le faisant partager à ceux qui l'entourent, tout le charme réconfortant de la vie sociale.

« En élevant la condition morale de l'ouvrier, en

l'invitant à se vêtir, à parler, agir comme les individus des classes supérieures, on aura plus qu'à moitié comblé le fossé qui le sépare de son ingénieur et celui-là ne redoutera plus alors comme une honte de partager avec lui occasionnellement son travail (Dr Toulouse, *Leçons de la vie*, p. 224). »

Et non sans raison, le même auteur ajoute cette observation que ne sauraient assez méditer tous ceux qui veulent exercer une utile influence populaire : « ..... dans l'ensemble, les professions inspirent le respect en proportion de la culture générale qu'elles supposent. Voilà le véritable caractère de différenciation. Et, en pratique, la grande marque distinctive du rang, c'est l'éducation qui, chez la femme, représente encore presque toute la culture. »

Au fond, la vraie méthode d'action sociale consiste à agir sur soi-même pour modifier les autres, et il est toujours vrai de dire que l'exemple vaut mieux que le précepte, mais cette action sur soi-même doit être surtout poursuivie à l'aide de l'organisation collective, qui permet de ne laisser échapper aucune des circonstances utilisables pour le bien commun. On est malheureusement encore bien loin d'apprécier les avantages et les nécessités de cette méthode, et nous nous souvenons de l'impression d'étonnement qu'il nous fut donné de causer, il y a quelques années, lorsque nous fîmes à une société d'employés la proposition qui, naturellement, ne fut pas même sérieusement examinée, de créer pour ses jeunes gens un *cours d'éducation*.

Nous avions été témoin de nombre d'échecs individuels, dus à certaines faiblesses de l'éducation. A tout moment, de jeunes étrangers, mieux stylés à cet égard, prenaient sans peine une avance considérable sur leurs concurrents français, mais fût-ce l'ennui d'avouer une infériorité ou fût-ce la crainte de se singulariser, en ouvrant un cours qui n'avait lieu nulle part, les choses demeurèrent comme devant, et tel employé, sans en soupçonner la cause, voit se fermer pour lui une avantageuse carrière, faute de savoir se présenter, se tenir ou parler *comme il faut*, quand ce n'est pas faute de savoir se laver le nez et les oreilles, ou se tenir les ongles nets! On ne peut, somme toute, exiger des autres plus de respect et d'attention qu'on ne s'en accorde soi-même.

C'est une grosse et malheureuse illusion qui nous pousse à ne réformer que les autres, alors qu'il faudrait commencer par soi-même. Chacun oublie trop qu'il faut d'abord être sa propre providence. « Ne t'attends qu'à toi-même », dit le fabuliste, mais cette vue ne signifie pas qu'il faille être indifférent au sort des autres, d'autant plus que, suivant la remarque d'Auguste Comte, « l'existence civique est essentiellement destinée à consolider et développer l'existence domestique, où réside surtout le bonheur humain ».

Une autre grosse et pitoyable illusion résulte de notre ignorance théorique sur les questions qu'il nous importe le plus de connaître. Telle est celle d'après laquelle, et sous prétexte d'être pratique, on continue à séparer des points de vue qu'il faudrait toujours grouper, chaque fois que l'on veut sérieusement traiter les questions d'économie populaire. Cette illusion navrante est très sensible dans ce que l'on appelle le relèvement des salaires, quand on néglige le phénomène des répercussions économiques. Que gagne-t-on, en vérité, avons-nous déjà rappelé, à une hausse générale, apparente des salaires, si la hausse des denrées y correspond ou la dépasse même, par une conséquence qu'on ne sait éviter? Que gagne-t-on, même à une hausse locale des salaires, obtenue à l'aide du barbare procédé des grèves, s'il faut d'abord payer cette hausse par une effroyable détresse, l'endettement des ménages ouvriers pour de longs mois, les plus cruelles inquiétudes domestiques et les plus fâcheuses discordes civiles et corporatives?

Qu'est-ce encore que tout ce mouvement provoqué en vue d'un relèvement des salaires, si l'on s'abstient de faire concorder celui-ci, automatiquement pour ainsi dire, avec le coût de la vie domestique? Est-ce autre chose qu'une vaine, illusoire et haineuse agitation, quand on songe que le moindre accroissement des impôts, ou la moindre augmentation des moyens monétaires, ou la moindre demande commerciale fait silencieusement et rapidement s'évanouir tout l'avantage si bruyamment, si dangereusement, si péniblement obtenu par une augmentation de salaires?

Combien peu d'intéressés soupçonnent encore qu'il faudrait d'abord étudier ces questions, pour en dégager de pratiques enseignements et d'utiles arrangements! On ne sait malheureusement jamais toute la valeur pratique d'un bon conseil. On est pressé toujours de faire quelque chose, et l'on va intrépidement, sous prétexte d'être pratique, faire de la désorganisation, alors que dans l'intérêt de tous et de chacun, il convient d'étudier et de connaître bien l'organisation, pour la développer et l'améliorer.

De quelque façon que l'on s'y prenne, on ne peut sortir des conditions, des limites et des formes imposées par la nature des choses. De quelque façon que l'on s'y prenne, toute viable organisation sociale différenciera les fonctions individuelles, les obligations personnelles et les risques et avantages des coopérants, en même temps qu'elle fera converger et se combiner leurs efforts, mais l'intérêt personnel lui-même et la nécessité sociale nous imposent des convergences que nos instincts sympathiques développent et fortifient.

La tendance individuelle, égoïste, de tous est spontanément hostile au concours ; la paresse, le caprice, l'avidité, l'orgueil de chacun poussent au désordre social, à l'impuissance collective, et s'il est permis d'espérer que la sympathie générale, l'altruisme, l'amour des autres, pourra suffire à nos lointains successeurs pour les déterminer à associer quotidiennement leurs pratiques efforts, avec le plus équitable et le plus complet esprit de justice et de dévouement dans la répartition des produits du travail et dans la nécessaire prévision des besoins futurs, cette utopie ne saurait nous masquer la réalité et la nécessité de l'intérêt personnel. Celui-ci assure la coopération de tous et il sera toujours extrêmement important de le pousser assez pour donner la plus grande intensité possible à cette coopération.

Cette coopération demandera toujours un savoir

plus étendu aux dirigeants, et leur imposera une responsabilité plus grande, qu'elle paiera par une dignité plus haute et des avantages matériels plus sensibles et plus délicats tout à la fois. Ces avantages ne sont pas désirés indifféremment par tous, et l'on ne parviendra jamais sans doute à en vulgariser le besoin suffisamment pour exagérer l'effort individuel. Il suffit heureusement que la stimulation de celui-ci soit réelle, et qu'au goût d'apprendre s'ajoutent l'intérêt de savoir et le désir de grandir. Il importera toujours d'avoir une production abondante, régulière et assurée, et c'est dans l'intérêt personnel que notre puissance de production trouvera nécessairement ses meilleurs facteurs et ses plus sûres garanties.

La nature humaine ne peut se plier à toutes les fantaisies du délire, et ce que les individualités les plus religieuses n'ont pu obtenir pour elles-mêmes ne saurait être réclamé communément de l'ensemble des humains. Il y a des limites à l'action des lois édictées, et c'est ce que l'on a bien vu notamment par ce qui s'est passé dans l'application de la loi sur le repos hebdomadaire. Là encore on a pu observer avec quelle facilité on réforme les autres, et comme on n'aime pas à se gêner soi-même pour les autres. La puissance des mœurs dépasse celle des lois autoritaires, et d'innombrables moyens de résistance et de fuite lui sont dûs, outre que la nécessité de vivre ne nous permet jamais d'ignorer impunément ce qui se passe au-delà de nos frontières, alors que des avantages apparents, et pour nous désirables, y sont compensés par des charges et des obligations dont nous ne voudrions pas assumer le poids. Cela ne veut pas dire pourtant que les lois n'ont pas d'action éducative. Il faut évidemment s'en servir, mais il convient de reconnaître que leur autorité toute puissante, pour ainsi parler, sur les sociétés primitives, ne peut pas grand'chose sur les populations dont une longue évolution a fortement accentué les individualités.

Dans une enquête de la *Revue populaire d'Économie sociale*, M. Honoré, directeur des grands magasins du Louvre, membre patron du Conseil supérieur du travail, faisait cette observation caractéristique au sujet du repos hebdomadaire : « Certaines grandes maisons peuvent plus ou moins imposer leurs heures au public, mais le petit commerce est absolument à la merci du public qui a ses heures à lui et n'entend pas qu'on le gêne. »

C'est bien cela. Chacun a ses heures à lui, ses goûts, ses caprices à lui, et n'entend pas qu'on le gêne. Il serait évidemment déraisonnable de ne pas agir contre cette tendance trop personnelle, mais il faut prendre garde de ne pas fâcher ceux-là mêmes au nom desquels on prétend opérer. Le public peut à son tour réagir contre l'autoritarisme des lois et des règlements, et cela peut bien avoir son danger de rétrogradation, que l'on peut toutefois, jusqu'à un certain point, conjurer, en faisant de l'application des lois, par d'habiles ménagements et tempéraments, comme un moyen d'éducation publique. Cela heurte la logique autoritaire évidemment, mais c'est conforme au bon sens le plus pratique. L'égalité n'est pas dans la nature ; elle n'existe, très artificiellement, que dans certaines de nos conceptions, aussi belles que les étoiles, et malheureusement peut-être aussi loin de nous.

Le *Ralliement des Employés*, en son numéro de septembre 1906, rapporte les paroles suivantes prononcées par M. Arthur Rozier, député de Paris, à l'occasion du XIe congrès, tenu à Dijon par la *Fédération nationale des Syndicats d'employés*, dont il était le secrétaire général :

« M. Arthur Rozier termine la série des allocutions. Il dit qu'il ne veut pas rééditer ce que l'on vient de dire, cependant, il a remarqué, par les bribes de conversations recueillies dans la salle, que l'on pouvait se méprendre sur le but du congrès actuel. Aussi tient-il à déclarer que les délégués présents, se tenant également éloignés du parti rétrograde de droite et du groupe de ceux qui espèrent que la révolution sociale peut comme une fée, avec sa baguette magique, réaliser subitement la liberté et l'égalité suprêmes, que les délégués présents veulent seulement se classer parmi les prolétaires pour la revendication intégrale des droits du travailleur.

« A ce moment, un groupe de libertaires dijonnais, placés en face de l'orateur, rit et se moque en tentant l'obstruction. M. Rozier répond aux citoyens Brand et Joly, qui se montrent particulièrement ironiques, puis il continue son allocution en disant que si certaines gens rêvant d'une société parfaite, surgie tout à coup, prétendent que le repos hebdomadaire n'est qu'une réformette, lui est certain que c'est là une amélioration qui a bien son importance. Quelques bonnes habitudes locales et isolées se sont affirmées, ont pris corps, se sont unifiées et se sont traduites enfin par une loi. Si cette loi n'est qu'une demi-réalisation, c'est aux organisations syndicales à la faire appliquer strictement, et c'est à quoi il faut veiller. Quant aux juridictions prud'homales, pour n'être pas la perfection même, elles sont du moins un acheminement immédiat vers la pure justice. »

Ne chicanons donc pas sur ce que peuvent bien être la liberté et l'égalité *suprêmes*, la revendication *intégrale* des droits du travailleur et la *pure* justice. Nous continuerons longtemps encore, sinon toujours, à nous bercer de vieilles chansons ; seulement nous en étendons le catalogue et en changeons quelquefois la musique. L'idéal fait partie de notre mentalité et de notre moralité, aussi nécessairement que l'horizon fait partie d'un site. A l'idéal théologique du salut individuel, du ciel ouvert au fidèle, en récompense de ses mérites personnels ; à l'idéal métaphysique, mystérieux et imprécis, d'un au-delà élyséen, délicat et très doux, où les esprits, purifiés et débarrassés des lourds et vils besoins de la matérialité, devaient goûter le charme pur de l'éternité, en s'y transformant en rayons lumineux supra-sensibles, pour y vibrer d'un amour spatial infini, nous substituons de plus en plus des idéalités terrestres et collectives. Nous ne demandons plus à la mort, mais à l'avenir, de nous ouvrir le pays des rêves enchanteurs, et de plus en plus nous entendons rapprocher cet avenir, à l'aide d'avantages petits, mais immédiats, incessamment réclamés, *revendiqués*, comme nous étant dus, par cela seulement que nous vivons, et dont l'octroi obtenu ou non gratuitement, par menaces ou caresses, n'implique aucune obligation pour nous et nous dispense de toute gratitude.

A l'exemple d'ailleurs des privilégiés, des fortunés, qui ne considèrent jamais le caractère social de toute accumulation humaine, richesse, savoir, puissance, et ignorent si volontiers l'interrogation si belle et si saisissante de l'apôtre Paul : « Qu'as-tu que tu n'aies reçu, et si tu l'as reçu pourquoi t'en glorifies-tu ? » Il nous semble que nous avons droit à tout et qu'il s'agit seulement de revendiquer tout ce dont nous avons été *spoliés*. Nous ne faisons pas même un instant pratiquement attention à ceci, c'est que toute notre civilisation repose sur les découvertes et inventions d'un nombre relativement petit de grands hommes, et que l'immense majorité d'entre nous n'est ni capable ni désireuse de savoir et de comprendre exactement ce qu'ont fait les hautes individualités à qui nous devons *tout* ce qui nous distingue et nous avantage par rapport à la bête.

Les partis, les chapelles, les coteries de toute nature font de nous, d'une manière continue et systématique, des êtres mécontents de tout et révoltés contre tout. Nous sommes comme à l'école d'une guerre civile, et l'excitation à la haine et au mépris les uns des autres est incessante tout autour de nous, dans tout ce que l'on dit, dans tout ce que l'on entend. Le comique, c'est que nous affirmons tous, avec la facilité la plus candide, l'infaillibilité que nous refusons au pape, et sur les sujets les plus dangoreux, les plus délicats, les moins accessibles communément, nous tranchons souverainement et sans remords. Il suffit d'en avoir l'habitude, et nous l'avons tous.

C'est ainsi que des gens qui n'ont pas la moindre idée sérieuse de l'organisation administrative et des besoins politiques, économiques et sociaux d'un pays font ce qu'ils appellent de la « politique », d'après les clichés et les intéressées considérations que leur souffle chaque jour leur journal, ou le « potin » dont les entretient leur comité.

Grâce à ce hautain mépris de tout ce qui n'est pas nous, de tout ce qui a été avant nous, et de tout ce qui est en dehors de nous, il nous devient facile de nous livrer sans vergogne à toutes les destructions imaginables, et c'est de quoi nous ne nous privons pas.

Considéré comme acte de guerre et comme momentané, ayant pour destination de créer pour tous un *modus vivendi*, une manière de vivre supérieure, le *sabotage* peut trouver son excuse, jusqu'à un certain point, dans la grandeur, l'excellence même du but poursuivi, et tout militaire qui commet, en temps de guerre, un acte de brigandage, n'entend pas pour cela être un agent de désordre, ni vivre de ce désordre. Mais que faut-il penser de l'état d'esprit qui règne partout, et qui, pour chacun de nous, subordonne toute considération à ce qui nous est exclusivement d'intérêt personnel, immédiat, ou même de satisfaction fantaisiste! Que devient l'ordre social avec cette tendance nuisible à l'exclusive primauté du moi, si désordonné que soit celui-ci ? Sur ce sujet, il est extrêmement instructif de méditer un passage remarquable du manifeste de Karl Marx et d'Engels. L'analyse critique qu'il présente est plus que jamais fondée et opportune lorsque l'on songe à l'état d'esprit foncièrement « bourgeois » qui règne partout au sens qu'ils donnent à ce mot, état d'esprit qui s'affirme d'autant plus violemment que l'on est plus indiscipliné, plus mécontent, plus divergent, plus révolté.

« La bourgeoisie a joué dans l'histoire un rôle essentiellement révolutionnaire.

« Partout où elle a conquis le pouvoir, elle a foulé aux pieds les relations féodales, patriarcales et idylliques. Tous les liens multicolores qui unissaient l'homme féodal à ses supérieurs naturels, elle les a brisés sans pitié, pour ne laisser subsister entre l'homme et l'homme d'autre lien que le froid intérêt, que le dur *argent complant*. Elle a noyé l'extase religieuse, l'enthousiasme chevaleresque, la sentimentalité du petit bourgeois, dans les eaux glacées du calcul égoïste. Elle a fait de la dignité personnelle une simple valeur d'échange ; elle a substitué aux nombreuses libertés si chèrement conquises, l'unique et impitoyable liberté du commerce. En un mot, à la place de l'exploitation voilée par des illusions religieuses et politiques, elle a mis une exploitation ouverte, directe, brutale et éhontée.

« La bourgeoisie a dépouillé de leur auréole toutes les professions jusqu'alors réputées vénérables et vénérées avec crainte. Elle a fait du médecin, du juriste, du prêtre, du poète, du savant, des ouvriers salariés.

« La bourgeoisie a arraché le voile de poésie touchante qui recouvrait les relations de famille et les a ramenées à n'être que de simples rapports d'argent.

. . . .

« La bourgeoisie n'existe qu'à la condition de révolutionner sans cesse les instruments de travail, par conséquent le mode de production, par conséquent tous les rapports sociaux. La conservation de l'ancien mode de production était, au contraire, la première condition d'existence de toutes les classes individuelles précédentes. Ce bouleversement continuel des modes de production, ce constant ébranlement de tout le système social, cette agitation, cette insécurité éternelles distinguent l'époque bourgeoise de toutes les précédentes. Tous les rapports sociaux traditionnels et profondément enracinés, avec leur cortège de croyance et d'idées admises depuis des siècles se dissolvent; les idées et les rapports nouveaux deviennent surannés avant de se cristalliser. Tout ce qui était stable est ébranlé, tout ce qui était sacré est profané, et les hommes sont forcés enfin d'envisager leurs conditions d'existence et leurs relations mutuelles avec des yeux désillusionnés. »

Ces observations profondément pensées font amèrement ressortir non seulement le caractère évidemment révolutionnaire de notre époque, mais encore de tout ce qui, malgré ce caractère, passe pour essentiellement permanent.

Le nécessaire office *révolutionnaire* que remplit

cet esprit « bourgeois » ne saurait pourtant justifier jamais sa permanence, et l'on conçoit qu'il faudra bien un jour considérer comme ayant pris fin ce que M. P. Leroy-Beaulieu a appelé « la période chaotique de l'industrie », et aussi comme accomplie et terminée cette radicale épreuve de notre civilisation, qui doit à Auguste Comte le nom de « Grande crise ».

En passant, on peut remarquer qu'il y a quelque chose de plaisant et de tragique, tout à la fois, dans cette démence et cette débauche de l'opinion, qui nous porte à qualifier de *révolutionnaires*, précisément ceux-là qui veulent le plus ardemment mettre fin à la révolution que nous faisons et subissons tous les jours, *et qui ne rêvent que d'instaurer un ordre social, nouveau et définitif*, où tous les hommes *utiles* auront leur place et leur fonction, alors que nous voyons se qualifier communément d'hommes d'ordre ceux-là, dont toute la vie, toutes les aspirations, tous les besoins reposent sur la perpétuité supposée de l'actuel désordre industriel et social, considéré comme sacro-saint et comme la manifestation la meilleure, la plus nécessaire et la plus respectable de la vie sociale.

En faisant, pour ainsi dire, et par ses destructions successives et acharnées, *table rase* de toutes les organisations antérieures, et en développant exaspérément toutes les forces individuelles, la bourgeoisie — ou si pour la systématiser mieux, l'on préfère dire le *bourgeoisisme* — tend à mettre en présence des forces dont, à un moment donné, la divergence ou l'opposition ne pourraient persister, sans rendre matériellement *impossible* toute vie sociale. Quoi qu'elles fassent et quoi qu'il arrive, il faudra, de toute nécessité, que ces forces éparses, violentes, indisciplinées, capricieuses et implacables, soient subordonnées, harmonisées, systématisées, centralisées pour le bien commun.

L'entente des penseurs et des prolétaires devient de plus en plus indispensable, et l'éventualité, dont chaque jour nous rapproche, de ne pouvoir plus vivre avec sécurité et d'une manière vraiment progressive, déterminera l'ensemble des familles à poser, de plus en plus énergiquement, dans tous les pays, la question de la réorganisation sociale, d'après la considération et la satisfaction *simultanées* et *continues*, pour tous les cas individuels, des besoins de la consommation et des ressources de la production.

La base matérielle de la société devra se systématiser assez pour donner à ce que l'on appelle, illusoirement aujourd'hui, la loi de l'offre et de la demande un sens précis, exact, rationnel et positif, en le soumettant, pour tous les cas individuels, à l'énonciation des besoins et à l'affirmation des moyens.

Grâce à cette indispensable et préalable documentation, les opérations statistiques pourront produire des moyennes toujours suffisantes et permettront des prévisions, dont l'absence, jointe à l'incohérence industrielle de notre époque, fait subir, à la classe la plus nombreuse de la population, les souffrances terribles et imméritées d'une immorale et dégradante indigence. Ce désordre fait en même temps habituellement admettre que nous souffrons de surproductions, alors que *nulle part encore*, on ne produit assez pour les besoins les plus essentiels de cette population, dont la partie la plus nombreuse et la plus intéressante n'est pas à même, quelle que soit sa bonne volonté, de tirer parti de sa force et de ses aptitudes, notamment faute de l'outillage qu'elle pourrait mettre en œuvre, et dont une saine organisation sociale la devrait tenir constamment pourvue.

C'est, en somme, une excellente et très pratique devise que celle de la *Confédération générale du Travail*. « Bien-être et liberté », tel est le mot d'ordre qu'elle donne à tous ceux qu'elle associe ; et, qu'on la considère au point de vue individuel ou au point de vue collectif, cette devise pose très bien le problème que chacun de nous doit tendre et tend spontanément à résoudre.

Le bien-être obtenu par la liberté, c'est-à-dire par une activité consciente et responsable ! On ne saurait en moins de mots et d'une façon plus précise indiquer le but et les moyens qu'il convient d'adopter. Cette devise, peut-être intentionnellement incomplète, ne préjuge rien à l'égard de l'organisation civile et, en apparence, ne touche pas aux problèmes de la famille et de la propriété. Elle n'a pas besoin de s'en préoccuper : elle n'est pas le dogme d'une Église et non plus le programme d'un parti politique.

Ces problèmes ne mettent pas seulement en jeu la raison. Ils troublent singulièrement nos sentiments, nos préjugés, nos habitudes. L'esprit large et pratique, qui a donné pour mot d'ordre aux travailleurs cette précise, concise et décisive devise, a élevé à un haut degré de conscience tous ceux qui parviennent à l'entendre et à vraiment vouloir la mettre en œuvre. Quelle que soit l'organisation sociale, il faut qu'elle donne bien-être et liberté au travailleur. C'est là l'essentiel, et le reste devient secondaire, pourvu que cette condition cardinale soit remplie.

Les diverses théories sociales peuvent, avec plus ou moins d'exclusivisme, affirmer leur nécessité et nous proposer leur inspiration. Nous n'aurons rien à en redouter, pourvu qu'elles respectent et assurent notre bien-être et notre liberté.

Les divers partis politiques peuvent, avec plus ou moins d'esprit de suite, de sincérité et d'ampleur, nous offrir tous les espoirs imaginables pour nous décider à accepter leur direction. Nous n'aurons rien à en redouter non plus, pourvu que leurs programmes et leurs procédés respectent et assurent notre bien-être et notre liberté.

Les groupements quelconques, syndicalistes, mutualistes, coopératifs, etc., peuvent, avec plus ou moins de raison, de droiture et d'énergie, nous promettre tous les avantages et toutes les transformations bienfaisantes qu'ils se proposent de nous procurer en sollicitant notre adhésion. Nous n'aurons encore rien à en redouter, pourvu que nous sachions toujours faire respecter notre bien-être et notre liberté.

La propriété n'est que la légitime garantie sociale *due à chacun de nous*, pour nous assurer la possession du produit de notre activité. Cette propriété, autrement dit cette garantie sociale n'a été jusqu'alors accordée qu'à quelques formes d'activité. Elle doit s'étendre à *toutes les fonctions*. La même justice est due à tous, et l'introduction de cette acquisition graduelle d'un droit de propriété, dans tous les contrats de travail, est une nécessité d'ordre social. Cette nécessité est fondamentale et ne souffre pas même de renonciation personnelle. Elle représente notre imprescriptible devoir envers l'avenir.

Cette garantie sociale est nécessaire à toute saine constitution de la famille, et par elle la vie normale de la femme, comme épouse et comme mère, pourra être enfin instituée pour l'ensemble de la population. Il est abominable d'assimiler, pour le plus grand nombre, l'éducation des jeunes enfants à l'élevage des lapins. Il est abominable de priver le pauvre de son foyer, par l'éloignement de l'épouse. Il est abominable que la vie sociale soit refusée, faute de loisirs suffisants, à ceux qui pourraient le mieux goûter avec désintéressement les œuvres esthétiques, scientifiques et philosophiques.

Ainsi conçues, la propriété et la famille sont les conditions essentielles, positives et normales, de tout bonheur humain, social et privé. Chacun de nous les doit aux autres. Si le bonheur n'est dû à personne, puisqu'il appartient à chacun de le créer, il faut cependant que les conditions qui le rendent possible en soient accessibles à tous. Il faut que chacun ait sa liberté, c'est-à-dire qu'il lui faut pouvoir agir en toute conscience et sous sa propre responsabilité, avec la garantie sociale que son produit sera sa propriété pour la part d'activité utile qu'il y aura personnellement incorporée, dans la plus large utilisation possible du legs que nous a fait le passé.

Le salaire, au lieu d'être simplement un forfait, ne doit l'être dès lors que pour une part, et la participation du travail doit, tout autant que celle du capital, donner lieu à possession d'un titre de propriété et à distribution d'un dividende. La renonciation à ce dividende, moralement illicite, doit devenir illégale.

Il importe au bonheur social et au bien-être de tous que chacun participe activement, pratiquement, à l'esprit d'initiative, et qu'une responsabilité effective pèse sur tous comme garantie et sanction de notre liberté réelle.

Un mouvement considérable se fait dans les esprits et dans les faits, et tend spontanément à réaliser la belle devise de la *Confédération générale du Travail*. C'est l'aboutissant naturel, logique, indispensable et inévitable de l'actuelle et incessante révolution bourgeoise.

Naturellement, les intérêts politiques et particuliers cherchent à faire dériver ce courant d'opinion et de phénomènes, et même à l'accaparer à leur exclusif profit, en en utilisant la puissance, quand faire se peut, à l'encontre du but même indiqué par le mot d'ordre en question.

La Confédération elle-même, qu'elle le veuille ou non, fait parfois une impression peu propre à lui rallier l'ensemble de la population, et donne au syndicalisme un aspect qui est loin d'être toujours sympathique. Qu'il y ait là autre chose que sa fonction normale, et seulement peut-être une forme provisoire d'activité, c'est possible; mais il est désirable pour les plus respectables et les plus chers intérêts du prolétariat, que les énergies incontestables et nécessaires dont il dispose, n'enveniment pas, comme à plaisir, les difficultés déjà si grandes auxquelles il doit faire face.

La haine, la violence, la menace, l'invective et le désordre n'offrent au cœur, à l'esprit et à l'activité rien qui réponde vraiment à l'objectif de bien-être et de liberté. Le travailleur ne peut que s'aliéner l'opinion et provoquer de déplorables réactions, en recourant, même pour la forme, pour la galerie, pour le dangereux plaisir de faire peur au « bourgeois », à des procédés que sa générosité habituelle et son naturel dédain du *bluff* ne peuvent que repousser. Malgré l'apparent succès de certaines manifestations, ce n'est pas par l'agitation et la terreur que l'on peut faire œuvre utile et durable dans ce domaine. C'est du moins notre humble avis.

Jusqu'à présent, les corporations d'employés, si ardentes soient-elles, ont eu généralement recours à des procédés dépourvus de brutalité et se réclament de méthodes moins démagogiques. Peut-être attendent-elles trop de l'action parlementaire, surtout pour l'obtention de lois spéciales, qui les tiendront encore en tutelle. Il conviendrait, non pas d'ajouter un code du travail aux codes déjà excessifs en nombre et en étendue que nous possédons, mais de libérer vraiment de plus en plus tous les citoyens vraiment majeurs, en sanctionnant simplement, par la loi, leurs *libres* conventions. Celles-ci seraient toujours modifiables, à leur gré, dans des délais et des conditions mettant les intéressés en cause à l'abri de leurs propres entraînements. Elles permettraient, en même temps que leur graduelle et active éducation économique et sociale, l'accomplissement de tous les perfectionnements et de tous les progrès que l'étude et les découvertes effectuées rendraient possibles.

La tendance actuelle est de demander à la loi non pas la liberté et les garanties dont celle-ci a besoin, mais des prescriptions plus ou moins tutélaires, tatillonnes, inquisitoriales et vexatoires. Il semble plus pratique d'en appeler non pas à la raison, au bon sens, à l'intérêt commun, mais à l'autorité.

On aurait peut-être pu faire l'économie d'une nouvelle ère de charges, de difficultés et d'entraves. Quoi qu'il en soit, et sans nous consumer en regrets à l'égard de ce que l'on aurait pu faire, nous croyons que le principal effort collectif des employés, dans la poursuite des conditions propres à les rapprocher de leur régime idéal, se concentre maintenant très bien, et pour un temps, dans la représentation professionnelle et dans la juridiction prud'homale.

C'est ce que faisait dûment ressortir M. Dalle, rapporteur, pour la question du Contrat collectif du travail, au XIe Congrès national des Employés, tenu à Dijon, les 12-15 août 1906, lorsqu'il exposait *la connexité de cette question avec celles de l'organisation et de la représentation professionnelles, l'arbitrage obligatoire en matière de litiges collectifs et avec le minimum de salaire.*

Rapprochant l'action syndicale de l'activité

prud'homale, il pouvait conclure par le passage suivant, dont nous empruntons le texte au *Ralliement des Employés* de septembre 1906 :

« Ainsi, par l'emploi simultané du double moyen organique et judiciaire, les employés et les travailleurs de toutes professions seraient dotés des éléments d'action et d'élévation dont l'absence ou l'insuffisance actuelle est cause de leur état d'infériorité économique, de dépendance morale et de minorité sociale. Cette profonde lacune les condamnerait à une servitude perpétuelle ou les acculerait périodiquement à des révoltes sanglantes ou à des insurrections violentes, s'ils n'étaient mis en possession d'un droit qui n'a rien de bien nouveau, mais qui leur a été longtemps contesté : celui de représenter et de défendre leurs intérêts professionnels. Et d'autre part, l'organisation démocratique de la nation trouvera son complément nécessaire, qui équilibrera les forces concurrentes et les intérêts contradictoires, dans la représentation spéciale des groupements économiques. »

Nous croyons, quant à nous, que l'organisation *légale* du travail devra être poursuivie uniquement pour arracher définitivement notre pays à la fantasque politique métaphysique, et afin de substituer à l'arbitraire des partis actuels et à leur autorité absolue, irresponsable et usurpée, la paisible et consciencieuse appréciation des charges budgétaires que peut accepter la nation.

C'est à ce moment-là seulement que nous commencerons à sortir vraiment de notre minorité sociale. S'il ne fallait compter que sur les efforts *directs* des hommes dans cette voie, il y aurait parfois lieu de désespérer, mais il existe un enchaînement, un déterminisme dans les faits sociaux, comme dans tous les autres, et la concentration capitaliste, le développement fatal du bourgeoisisme, les nivellements qu'il ménage partout, en continuant d'agir avec une intensité qu'aucun artifice légal ne peut gêner que pour la multiplier, en la localisant, ne peuvent que nous rapprocher rapidement d'une situation où tout le monde sera salarié de grandes formations capitalistes.

Nombre d'employés qui ne s'en doutent pas peuvent être presque instantanément englobés dans ces grandes et dévorantes administrations, et pour de nombreux cas, on peut apercevoir comme très proche cette transformation, dont le premier et le plus sûr effet sera de rapprocher et unifier les intérêts des salariés. Il ne manque à ceux-ci que d'en avoir déjà pleinement conscience, et de recueillir le fructueux enseignement social que dégage une telle transformation, sur tant de points imminente.

Dans ce domaine, les groupements corporatifs d'employés sont encore appelés à rendre les plus grands services. La concentration capitaliste et le morcellement des valeurs préparent une transformation administrative correspondante. Il importe assez peu que ces grandes modifications soient craintes ou désirées, quand on s'est rendu compte qu'elles sont devenues inévitables. On sent très bien alors qu'il faut s'y préparer, non pas seulement par un effort individuel, mais par une action collective, qui soit l'efficace auxiliatrice des intéressés et de leurs familles.

La sécurité matérielle et le bonheur social restent toujours les fins élémentaires de l'action sociale, et, à une époque qui fait de toute question économique une question vitale, impérieusement posée à tout un ensemble de populations, les individus n'ont de salut possible que dans leurs arrangements collectifs, aussi précis, aussi souples et aussi étendus que le comporte chaque problème posé. Le bien-être devient dès lors le résultat d'une libre et attentive activité collective, d'autant plus sympathique et puissante que ses agents individuels sont mieux préparés à la seconder, par leur personnelle valeur morale et pratique.

CONCLUSION

Il s'en faut bien que nous ayons tout dit. Ce n'était pas là notre but, et la place nous fait défaut. Notre objet, plus modeste, se trouve atteint, si le lecteur nous a suivi, en partageant l'intérêt que nous inspire le sort de l'employé.

L'employé, sous le jour où nous l'avons vu, est un « type » humain qui mérite attention.. A tous les degrés de la hiérarchie, il est singulièrement « représentatif », tout effacé et silencieux qu'il soit habituellement. Il semble à mi-chemin de tout et en tout. Il incarne la « moyenne » apparente de la population des villes. Il n'est pas à négliger.

Nous n'avons pas voulu faire un catalogue de questions ouvrières, non plus qu'une liste des difficultés et des misères de la vie d'employé. Nous n'avons pas voulu faire le commentaire de ces questions, difficultés et misères, dont un bon nombre cependant a passé sous nos yeux. La masse importait moins pour notre but que le relief, et nous aurions risqué de nous perdre dans le nombre des faits et des questions s'il nous avait fallu tout nombrer.

Il nous a semblé qu'il était bon d'appeler l'attention des intéressés, et du public, sur l'ensemble des situations où se débattent les employés, en nous inspirant de ce double point de vue que l'homme est partout et toujours de même nature, et que « tant vaut l'homme, tant vaut la chose ». C'est donc une vue de la vie sociale que nous avons voulu prendre, en considérant plus spécialement le problème qu'elle pose au monde des employés, dont l'activité corporative commence à s'affirmer d'une manière très intéressante. Une telle étude offre nécessairement un sens profondément moral. Ce caractère s'impose à tout observateur qu'une sympathie sincère et vive attache au sujet.

Toutes les questions qui concernent la vie de l'homme en société — et l'homme ne peut vivre et n'a jamais vécu qu'en société — sont essentiellement dominées par celles de l'éducation et de l'organisation. C'est le *leit motiv* de ces questions, et ce qui est vrai, en ce sens, pour une corporation, l'est pour toutes.

Une société humaine est d'autant meilleure qu'elle est mieux, c'est-à-dire plus harmoniquement organisée, et son organisation est d'autant plus harmoniquement obtenue quand, d'eux-mêmes, par l'éducation — une éducation adéquate, pour le lieu et le temps, aux besoins et aux connaissances de cette société humaine — les hommes sont comme spontanément portés à agir conformément au bien commun. La contrainte ne doit jamais être qu'exceptionnellement nécessaire; elle ne doit jamais peser que sur les natures exceptionnelles et pour un temps aussi court que possible; elle ne doit jamais gêner l'essor de la fraternité et de l'intellectualité humaines, que son objet doit être de protéger contre les violences matérielles. Une organisation exclusivement basée sur la contrainte est toujours précaire et généralement arbitraire. Quels que soient ses fauteurs, quelles que soient les prétentions de ceux-ci, une telle organisation est anormale, révolutionnaire et momentanée.

« Il n'est de réformes durables, dit M. G. Deherme, dans la *Coopération des Idées* du 16 février 1908, que par la meilleure convergence des efforts, qui nécessite des règles sociales plus sévères et qui impose, en conséquence, des devoirs de plus en plus complexes, et une responsabilité de plus en plus étendue. »

La grande et peut-être l'unique difficulté réside dans la possibilité ou la non possibilité de sortir du cercle vicieux où nous a jetés la rupture, maintenant presque entièrement et plutôt brutalement consommée, du présent avec le passé.

Une éducation est nécessaire pour légitimer et permettre une organisation, tandis qu'une organisation n'est pas moins nécessaire pour permettre et sanctionner une éducation. Or, aujourd'hui, aucune éducation n'a de suffisante sanction sociale et aucune organisation n'est légitime incontestablement, le conflit toujours plus aigu des doctrines constituant partout et en tout, à l'égard de chacune d'elles, le plus constant et le plus violent dissolvant.

Les intérêts individuels ont ainsi le champ plus libre ; la ruse et la force inspirées par la convoitise, font et défont toutes les catégories d'associations humaines, dans l'ordre politique et économique ; les grandes idées, les fortes images, les belles paroles sont des moyens de lutte et de succès. La matérialité est sans réel contre-poids, et, par là-même, exagère sa nécessaire action ; les haines doctrinales en font un argument contre le matérialisme, ce qui n'est qu'un immoral jeu de mots, auquel le matérialisme répond en accablant de sarcasmes et d'outrages les conceptions qui ont guidé et consolé nos pères.

C'est pure folie d'arrêter l'éducation à l'heure de l'adolescence. C'est proprement le moment où elle devrait commencer à se faire plus systématique et sociale.

Le cerveau humain ne se meut pas à la façon d'une manivelle. Il a sa vie propre. C'est en vain qu'on le veut façonner d'autorité, qu'on le charge de prétendues connaissances, ou qu'on l'excite à forcer exagérément sa marche. Il ne peut bien aller qu'à son pas, et s'il importe que ce pas soit ferme et soutenu, il faut pour cela consulter bien plus ses forces que nos prétentions. L'observation de ce qui se passe chez nos jeunes gens est caractéristique. Vainement et seulement « poussés » en vue d'examens, quand ils peuvent être considérés comme des « sujets », et simplement réduits à faire nombre, dans le cas contraire, leur disposition finale est généralement identique et s'exprime par un dégoût marqué pour l'étude. Celle-ci donne simplement l'impression d'une corvée, qui ne se justifie que par le petit succès spécial promis par l'examen, par l'emploi sollicité, etc.

La révolte de chacun contre tous ne peut donner

d'autres fruits, mais peut-être faut-il voir dans le dégoût général que la « théorie » inspire au gros public, et surtout à la jeunesse, un fait heureux pour l'avenir. C'est, au fond, l'équivalent de la fameuse *table rase* philosophique. L'excès du raisonnement porterait ainsi son remède en soi, puisqu'il disposerait la masse active à se détourner de discussions sans issue et des scolastiques quintessenciées autant qu'inconciliables.

La Revue intellectuelle de février 1908 présente à ce sujet les suggestives réflexions que voici, dues à M. Rignac-Zélien :

« ..... L'intellectualisme ? On n'y échappe que par l'ignorance. L'idéalisme ? Il est légitime dans la création, totalement absurde dans la détermination. L'optimisme ? Question de tempérament ou d'expérience humaine, et l'on peut être pessimiste pour soi et optimiste à l'égard des autres hommes. Le sentiment religieux ? Lequel ? On désigne tantôt par là l'esprit de croyance et tantôt le sentiment poétique. La liberté ? L'homme est un univers en réaction constante. On n'en fait pas abstraction. Il n'y a pas de déterminisme absolu puisque l'homme n'est pas inerte, pas de liberté absolue puisque l'homme n'est pas indépendant de l'univers. Le monisme ? Du moment qu'on étudie les choses dans leurs principes et non dans leurs complexités, qu'on recherche les caractères communs au lieu des caractères différentiels, pourquoi s'arrêter sur la route de deux principes, pourquoi pas trois, cinq, sept et demi au lieu d'un ? C'est une question de logique. Le dogmatisme ?

Quel homme raisonnable peut croire à la vérité définitive, au bien total, à la beauté absolue ? Les aspirations humaines sont des inatteingibles. Tout dogme est contraire à la raison. L'empirisme ? Sans lui l'intelligence n'aurait aucun apport et la raison fonctionnerait à vide. Le sensualisme ? Ne confondons pas avec matérialisme, s'il vous plaît. Matérialisme ? Il n'y a que le positivisme agrandi ou restreint suivant les définitions plus ou moins bienveillantes à l'égard d'un mot plus ou moins choquant ! Pessimisme ? C'est l'opposé d'optimisme ! Irreligion ? Quel mode ? Déterminisme ? Celui de Le Dantec ou celui de Comte ! Pluraliste ? Lisez La Mettrie ! Sceptique ? Dans la méthode ou dans la conclusion, vis-à-vis de l'absolu ou du relatif, dans les pensées ou dans les actes, vis-à-vis des lois ou des créations, pour soi ou pour les autres ! »

Quand les manieurs d'idées en sont arrivés à se prendre eux-mêmes à leurs propres artifices, au point de ne plus pouvoir laisser debout une seule pensée directrice — et c'est à peu près ce qu'il y a de plus clair comme résultat de tous les débats de l'intellectualité sur les principes premiers — il est évident que les masses leur demanderaient en vain des « directions ». Or, celles-ci sont toujours indispensables à l'action, et l'action pour toute société humaine est de nécessité vitale.

D'autre part, — nous l'avons assez rappelé — le mouvement scientifique, industriel et financier, a pris une telle vigueur et crée des situations parfois si terribles, que l'institution de nouvelles et suffisantes règles sociales est devenue incontestablement de la plus grande urgence. Il faut qu'une morale s'impose à tous et nous refasse une communion sociale, d'autant plus indispensable et souveraine que les forces en présence sont plus révoltées et plus considérables.

A défaut d'une direction sociale par l'élite, qui, pour des raisons fortes et nombreuses, se dérobe à sa tâche, *il faut bien que les masses populaires se sauvent elles-mêmes* du péril qui menace la société occidentale tout entière. Il leur faut reconstituer les anciennes « sécurités » sur des bases plus solides et plus larges, en revivifiant partout les sentiments et les règles de *solidarité humaine*, et en reliant de mieux en mieux entre elles les grandes associations types : la famille, la patrie et l'humanité.

Quoi que l'on fasse, il en faut toujours revenir au double besoin d'éducation et d'organisation, qui domine et conditionne toute la vie humaine, au triple point de vue moral, pratique et intellectuel. Or, la nature des choses fait surtout de la famille l'école des sentiments, comme elle fait de la patrie celle des caractères, et de l'humanité, le vaste champ de l'intellectualité et de la moralité.

La science, la philosophie et les arts font appel à tous les hommes indistinctement; elles constituent la plus haute culture; elles révèlent l'homme à lui-même; elles tendent à faire de toutes les patries un ensemble paisible, et à répandre partout une atmosphère de vérité, de beauté et de bonté. Quand la science, la philosophie et les arts forment ensemble un système d'éducation et d'organisation, c'est-à-dire quand, pour une époque donnée, les unes et les autres convergent dans une certaine direction, adéquate aux besoins et aux connaissances du temps, avec une discipline morale qui leur assure une réelle puissance sociale, pratique et continue, l'unité morale existe, et la *confiance* est la *loi* qu'elle donne à tous ceux qui en reçoivent la *foi*.

Mais tout est relatif et tout évolue, et tout système périt qui ne porte pas en lui-même de suffisants moyens d'adaptation aux besoins et aux connaissances des temps nouveaux. Les institutions, sous la pression pratique des faits, des acquisitions, des besoins, des inventions, se modifient quand même, malgré toutes oppositions. La dislocation se fait parce qu'elle est nécessaire, mais ce n'est que pour un temps, et, sur de nouveaux plans, toujours se refait la plus vaste et la plus haute association humaine, celle de la science, de la philosophie et des arts. *C'est la région de l'idéal*, où plane l'humanité.

Notre horizon idéal s'étend ou se restreint, selon que nos sentiments, nos connaissances et nos efforts s'élèvent ou s'abaissent. L'idéal est relatif, mais il est nécessaire et indestructible. Il se voile dans les temps troublés, comme l'horizon pendant la nuit noire, mais ces heures sont exceptionnelles et durent peu, heureusement. Il ne faut jamais désespérer : les grandes réalités dominent les petites et survivent toujours.

L'histoire peut bien multiplier les expériences particulières, expériences parfois lamentables, mais rien ne dure que ce qui est conforme aux vrais besoins de la nature humaine, exprimés et satisfaits dans *tous* les individus humains. La science, la philosophie et les arts, ces grandes et nobles voix de l'humanité, appellent, rapprochent, soutiennent et guident tous les hommes, et qu'ils en aient tous ou non conscience, ils forment tous et toujours un même corps, selon l'énergique et vivante parole de saint Paul. Cette éclatante et sereine réalité gagne de plus en plus les cœurs : elle devient de plus en plus la conscience des nations.

Infiniment moins pure, moins souple, moins délicate, mais non moins nécessaire, non moins immortelle, à travers toutes ses métamorphoses, parfois si cruelles, l'association nationale, la patrie, est une petite humanité dans la grande. Elle aussi fait appel à la philosophie, à la science, aux arts, mais dans des vues plus étroites et non désintéressées. La patrie est un *atelier d'énergies*, dont le but est de donner la *sécurité matérielle*, sur un plan à leur convenance, aux populations qu'elle groupe et qui, normalement, devraient n'être qu'un vaste ensemble de familles traditionnellement associées, en un régime commun de langage, de mœurs, d'intérêts et de lois.

C'est la liaison et l'opposition des intérêts matériels qui est la *raison souveraine* de la formation, de l'existence d'une *nation*. La sécurité matérielle a pour base l'indépendance et pour développement le mieux-être. C'est là ce qui conditionne à la fois la souveraineté nationale et l'individualité civique : une force armée et une justice; mais les conceptions qui se rattachent à ces institutions évoluent et se modifient, comme toutes les autres, en dépendance des idées, des mœurs et des sentiments.

Les groupements nationaux d'intérêts matériels se font, historiquement, *d'abord sous le mode politique*, et leur émancipation de la tutelle militaire *institue ensuite le mode économique* qui leur est directement propre. Les convoitises et les nécessités matérielles rapprochent et fusionnent des populations différentes. *Leur union n'est d'abord qu'un empire* et, par la durée, devient une *nation* digne de tous les sacrifices individuels. De la plus petite à la plus grande de nos expériences historiques, la tendance des groupements est toujours celle de l'extension, et c'est dans les groupements d'intérêts que cette tendance s'affirme avec le plus d'énergie.

Tout chef d'un groupe incarne la tendance du groupe à absorber ses voisins jusqu'à ce qu'une suffisante expérience démontre, pour un temps donné, que la limite d'extension se trouve atteinte. La concentration politique s'accuse alors et s'organise.

La paix donne essor à l'activité économique, et la désagrégation tend à se faire, au profit des chefs industriels. Ceux-ci, par la concurrence, se font une guerre opiniâtre où la ruse est l'arme de choix, et, qu'elle s'arrête à l'oligarchie ou s'accuse jusqu'à la monarchie, qu'il s'agisse de l'Antiquité, du Moyen Age ou des Temps modernes, de l'Orient, des Républiques italiennes, de la Hanse, de la Hollande, de la France, de l'Angleterre, ou des Trusts, des Rois industriels de la grande République américaine, toujours l'anarchie économique initiale tend à une concentration qui neutralise, équilibre, ordonne les forces actives en présence.

Au fur et à mesure que se développe la puissance de l'homme sur la nature, et, qu'en même temps, les groupements ethniques d'intérêts matériels se ferment graduellement, les uns aux autres, toute possibilité d'extension en surface, l'activité s'accuse en profondeur et associe de mieux en mieux au sort commun tous les individus de chaque groupe national.

L'activité d'abord essentiellement politique, ensuite surtout économique, *revêt alors une forme sociale.*

Les énergies populaires, n'ayant plus de dérivatifs extérieurs, sont surexcitées par les difficultés grandissantes, nées de la persistance abusive d'une organisation périmée, au sein d'un ordre de choses nouveau, et demandent d'autres arrangements, en commençant spontanément à réagir, sous la pression des nécessités sociales.

Aidées par la censure ardente, que s'adressent réciproquement, au milieu du mécontentement général, les chefs, nantis ou dépossédés, des anciens pouvoirs, les classes populaires prennent de plus en plus conscience de la force économique et politique qui réside en elles, et c'est par la considération fondamentale de leurs intérêts, des intérêts du plus grand nombre, que se justifient alors les ambitions individuelles, les programmes politiques, les doctrines économiques et les systèmes philosophiques.

Des artifices et des expédients nombreux, vains palliatifs inventés pour soulager les maux les plus pressants, ne cessent d'être employés, sans parvenir à endormir la conscience toujours plus vive d'un malaise profond, que seul peut dissiper l'abandon d'un régime social épuisé, vainement rajeuni par des étiquettes nouvelles et de superficiels remaniements, présentés comme des réformes profondes.

De quelque manière que l'on s'y prenne, l'apaisement de la situation sociale ne peut provenir que d'un règlement moral, *équilibrant la production et la consommation*, au sein d'une abondance vraie et suffisante et d'une sécurité réelle, pour tous les membres du groupement national. La solidarité doit de plus en plus s'affirmer et demeurer sauvegardée dans les sentiments et les intérêts. Cette solidarité devient toujours plus consciente, par les groupements d'identités productives et par la considération permanente du double aspect de l'activité économique.

Le problème économique est *insoluble*, s'il ne rapproche pas constamment ses deux termes essentiels, production et consommation. *Les syndicats professionnels et les associations de consommateurs, quelles que soient leurs modalités,* doivent donc agir de concert, et leur action, pour être pleinement efficace, doit être pourvue des sanctions légales propres à faire une réalité effective du lien syndical et du lien mutualiste, en étendant celui-ci à l'ensemble de la consommation.

S'il est parfaitement déraisonnable de rêver des impossibilités, de vouloir faire des ronds carrés et de prétendre donner à tout le monde 20.000 francs de rente, des voitures et des domestiques, il n'est que rationnel, légitime et indispensable, de tendre à développer et à ordonner assez la production et la consommation pour assurer à tous les agents de l'Humanité un régime de vie familiale, satisfaisant, libéral et sûr. Il est parfaitement concevable, rationnel et pratique, de faire succéder à la propriété exclusive et privilégiée des biens, la propriété personnelle des fonctions, ouverte à tous, en garantie d'indépendance individuelle, et comme un sûr moyen d'obtenir spontanément le concours de chacun à l'œuvre sociale.

On ne peut raisonnablement croire que de telles choses soient possibles *sans une préalable éducation*. Il faut toujours en revenir à la conquête des cœurs, à l'adhésion des intelligences, au groupement des énergies !

Il y faut du temps, car le temps est le levier qui soulève le monde. Or, les individus ne vivent qu'un moment et, seules les collectivités peuvent durer assez pour faire du temps un suffisant emploi. Voilà pourquoi chacun se doit d'appartenir à des œuvres collectives, principalement au point de vue de l'éducation, de l'éducation conçue dans le sens le plus pratique, celle qui ne peut se payer de mots, et qui groupe les intérêts des familles ; celle qui considère les éventualités redoutables d'un mauvais régime du travail, de la cherté de la vie, de l'insuffisance des gains, du chômage, des crises économiques, de la mort, de la vieillesse, de l'invalidité et de la maladie ; celle qui songe au sort des vieillards, des veuves et des orphelins ; celle qui tend à faire de la libre solidarité humaine une réalité de plus en plus vraie et généreuse.

Dans ce sens si hautement humain, l'œuvre syndicale est à regarder, croyons-nous, comme devant assumer la tâche essentiellement éducatrice de la coordination et de la direction des activités populaires. Et quand cette œuvre se sera engagée résolument dans cette voie, on peut être assuré que les meilleurs éléments de l'intellectualité et de la moralité des classes encore dirigeantes lui apporteront le plus sincère et le plus entier concours.

On ne saurait assez dire que les sociétés d'employés auront à jouer un rôle considérable dans le mouvement qui s'ébauche. Nous avons voulu d'abord dégager les « moralités » de leur situation, ses aspects présents et ses perspectives. Il nous resterait à retracer systématiquement leur histoire ; à comparer et pénétrer mieux les questions à leur ordre du jour, à les suivre, en France et à l'étranger, dans leurs organisations, dans leurs œuvres, dans leurs projets et dans leurs doctrines. Nous avons rassemblé dans ce but une documentation précise, que nous voulons compléter et coordonner. Nous aurions plaisir à la publier un jour.

Ainsi appréciée, l'activité corporative des employés, en France et à l'étranger, formerait, croyons-nous, dans une vue d'ordre essentiellement pratique, un important chapitre du mouvement réorganisateur du monde du travail. En rapprochant de cette manière tout ce qui s'est fait parmi les employés, au point de vue de l'apprentissage et du régime du travail, de leurs solidarités effectives et de leur participation, de plus en plus consciente et précise, au mouvement économique et à l'éducation sociale, nous pourrions dégager mieux ce que l'on est en droit d'attendre de cette activité, dont la nécessité présente leur fait une loi de plus en plus urgente.

Nous pouvons assister, par exemple, à un mouvement déjà intense, et qui peut devenir formidable, sous la pression d'intérêts particuliers très actifs, aidés par de dangereuses spécialisations scolaires, poussant les femmes à envahir les professionnalités de l'employé. Il n'y aurait rien ou peu de chose à redire contre ce mouvement, s'il pouvait se poursuivre sans un avilissement considérable et perturbateur des salaires. Des exemples saisissants sont faciles à recueillir, qui montrent combien encore est peu défendue la personnalité humaine la plus intéressante, celle de la femme.

La famille, pauvre ou riche, est partout en danger, sous la pression désordonnée des intérêts et des appétits matériels. Ce danger réside toujours dans l'asservissement et l'avilissement de la femme. Quelles que soient ses modalités, la famille exige toujours que les enfants aient un foyer, et qu'à ce foyer ils trouvent une mère tendre et dévouée. C'est folie de chercher ailleurs et autrement le bonheur. Le mot de Mahomet sera toujours vrai : le paradis est aux pieds des mamans.

Pendant que tout sombre autour de nous et que, frénétiquement, chacun s'acharne à rompre, autour de soi, quelque élément de continuité, une foi vive et brillante, ardente et convaincue, mais trop aveugle aussi, soutient les individualités actives. La *foi au progrès* n'a guère que des fidèles, et le peuple surtout, le vrai peuple, laborieux, patient et courageux, mérite toujours à ce point de vue le magnifique éloge des beaux vers de Sully-Prudhomme :

> Quand de bons forgerons dans une forge noire
> Fredonnent en lançant le marteau sur le fer,
> Le passant qui les voit s'étonne, il ne peut croire
> Qu'on puisse vivre un jour dans ce cruel enfer,
> Mais eux, avec l'entrain de la force qui crée
> Affrontent la fumée et le four éclatant :
> Le travail fait les cœurs ; cette douleur sacrée
> Donne un si mâle espoir qu'on le souffre en chantant.

Nous croyons, avec Auguste Comte, que le progrès n'est que le développement de l'ordre. Cet ordre doit faire à chaque digne individualité humaine une place honorable et respectée, en lui offrant une libre fonction, destinée à garantir son indépendance et à faire la sécurité des siens et de tous. Ce résultat ne peut être produit que par un régime essentiellement moral. Chacun peut apprécier l'infinie force de résistance des autres, en songeant aux propres résistances qu'il oppose. C'est par la solidarité des sentiments et des intérêts qu'une action commune est possible et vraiment effective, et c'est la caractéristique corporative de tendre à faire de cette double solidarité une réalité constante. C'est en cela que le syndicat accomplit une œuvre éminemment éducative, tout en poursuivant un but élevé d'organisation.

Jamais fixe et jamais absolue, toujours au contraire relative et perfectible, la conception directrice de toutes les morales systématisées, quelque nom et quelque symbole qu'on lui donne, est nécessairement une projection de la conscience humaine, en dépendance des temps et des lieux. Si nous avons pu réussir au gré du lecteur, à projeter quelques clartés sur une très intéressante catégorie de travailleurs, sur les origines, la situation, les tendances et les besoins du monde des employés, en le situant dûment dans l'ensemble du corps social, nous en éprouverons l'intense satisfaction que donne le sentiment du devoir accompli.

Émile DELIVET

TABLE DES MATIÈRES

Imp. Coop. Ouvr.
Villeneuve-St-Georges

26, Rue Hermand Daix
Téléphone 32

Documents manquants (pages, cahiers...)

NF Z 43-120-13

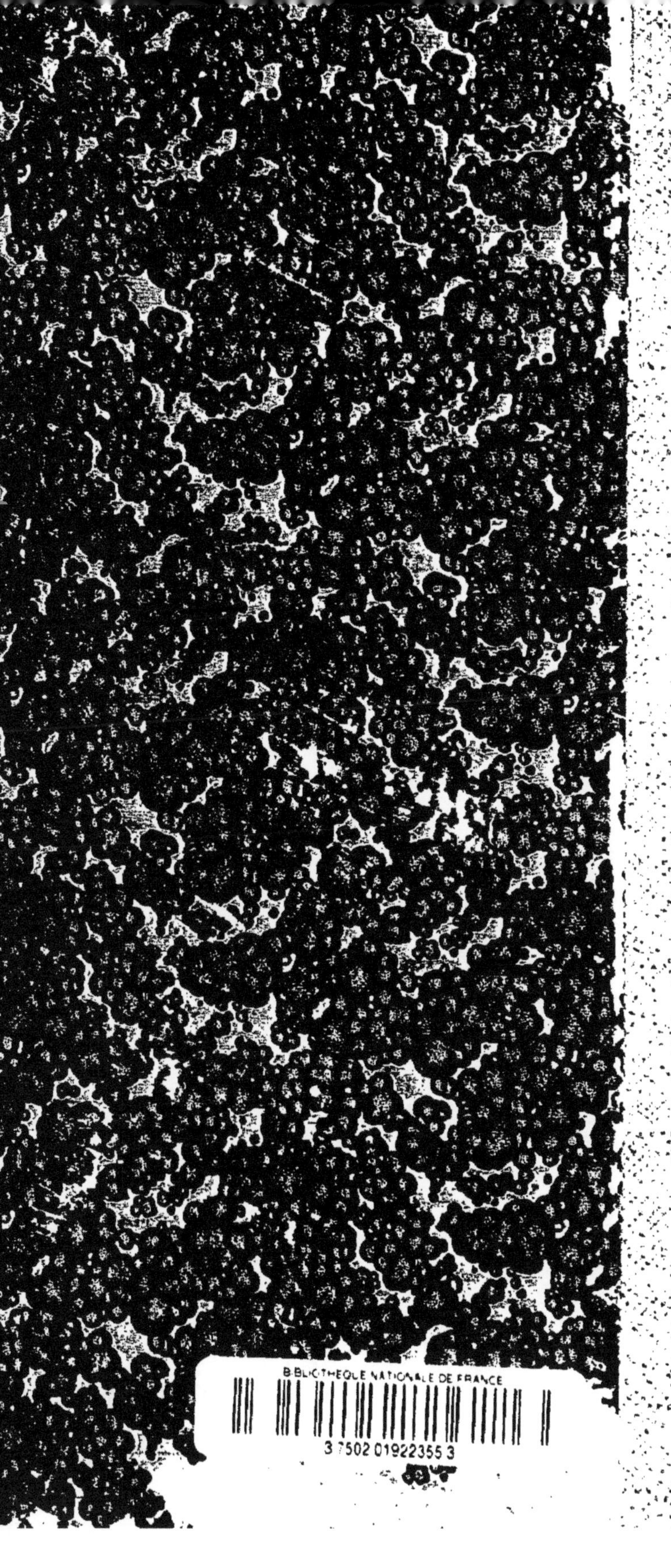

www.ingramcontent.com/pod-product-compliance
Ingram Content Group UK Ltd.
Pitfield, Milton Keynes, MK11 3LW, UK
UKHW012211240726
13966UKWH00002B/712